Albert Einstein

Yayına Hazırlayan:
İclal Akşamoğlu

Siyah Beyaz

ALBERT EINSTEIN

Yayıncı Sertifika No 14813
Genel Yayın Yönetmeni Murat Kaplan
Yayına Hazırlayan İclal Akşamoğlu
Sayfa Tasarımı Siyah Beyaz Grafik
Kapak Tasarımı Sedat Kaplan

1. Baskı Mart 2020
ISBN 978-625-7961-20-2

Baskı-Cilt: Ezgi Matbaacılık Tek. Por. İnş. San. Tic. Ltd. Şti.
Sanayi Cad. Selvi Sok. No:10 Çobançeşme/Yenibosna
Matbaa Sertifika No: 45029

Siyah Beyaz Yayınları® 2020
Kayışdağı Mah. Baykal Sok.
No: 50/3 Ataşehir / İstanbul
Tel: 0216 660 10 53

www.siyahbeyazyayinlari.com
"Okuma alışkanlığınıza renk katmak için..."

www.kulturperest.com.tr
İnternetteki kültür adresiniz...

Albert Einstein

Yayına Hazırlayan:
İclal Akşamoğlu

Siyah Beyaz

Gerçeği aramak onu elde etmekten daha kıymetlidir.

Albert Einstein

Albert Einstein

Albert Einstein

Çocukluğunda geri zekalı olduğundan şüphelenilen dahi hakkında ne kadar bilgi sahibisiniz? Tüm zamanların en iyi fizikçisi olarak anılan Albert Einstein sahiden kimdir, biliyor musunuz? Aşağıdaki yazıdan dünyanın en büyük beyinlerinden biri Einstein hakkında merak ettiğiniz şeyleri öğrenebilirsiniz.

E=mc2 formülü ile tanınan, Nobel Fizik Ödülü'ne layık görülen ünlü dehayı hepimiz az çok tanıyoruz. Mesela; izafiyet Teorisi ne demek tam olarak bilmesek bile, bu kuramın Einstein tarafından ortaya konulduğunu biliyoruz. Ya da yüzyılın en önemli bilim insanlarından biri olan Einstein'ın zorlu bir eğitim hayatı olduğu bilgisini bir yerlerden hatırlıyoruz. Peki, daha başka neler biliyoruz?

Gelin, bu yazıda Albert Einstein kimdir, nasıl bir hayat sürdürmüştür, ne gibi zorluklarla karşılaşmıştır gibi konuların üzerinde detaylıca duralım. Sonuçta; insanlık için o kadar önemli adımlar atmış Einstein; hakkında mutlaka bilgi edinilmesi gereken kişilerin başında geliyor. Yani neredeyse bütün hayatını bilime adamış Einstein, kesinlikle daha yakından tanınmalı diye düşünüyor ve hemen konuya giriyorum.

Diğer çocuklara göre çok daha geç yaşta konuşan Einstein'ın ailesi onun bu durumundan şüphelenmiş, hatta geri zekalı olabileceğinden korkmuştur. Ancak hepimizin bildiği gibi ailenin şüphelerinin yersiz olduğu anlaşılmış, Einstein geriden ziyade, zekasının ne kadar ileri seviyede olduğunu bütün dünyaya göstermiştir.

76 yaşında hayatını kaybeden ünlü dahi, hayatının büyük bölümünü düşünmeye, sorgulamaya ve bilimsel çalışmalar yapmaya adamıştır. Otoriteyi hiçbir zaman sevmeyen Einstein'a eğitim döneminde bir öğretmeni "senden hiçbir şey olmaz" demiş ama Einstein bütün dünyanın tanıdığı bir fizikçi olmuştur. Evet, kısaca Einstein kimdir sorusuna bu şekilde cevap verilebilir. Ve özet niteliğindeki bu bilgilerden sonra tüm zamanların en iyi fizikçisi hakkında ayrıntılı anlatıma geçebiliriz diye düşünüyorum.

Hayatı

Güney Almanya'nın Ulm kentinde 14 Mart 1879'da dünyaya gelmiştir. Hermann Einstein ve Pauline Einstein'in ilk çocukları olarak dünyaya gelen Albert, hayatının ilk yıllarını Münih'te geçirmiştir. 1980 yazında taşındıkları Münih'te Albert'in babası ile amcası bir elektrik şirketi kurmuşlardır. Ünlü deha, iki buçuk yaşına geldiğinde kız kardeşi Maja da aileye katılmıştır.

Kafası büyük ve şişman bir bebek olan Einstein, konuşma konusunda hem kardeşinden hem de yaşıtlarından geride kalmıştır. Oğullarının durumundan endişe eden aile onda bir anormallik olup olmadığını anlamak için Albert'i doktora götürmüştür. Hatta bazı kaynaklarda Albert'in 9 yaşına kadar konuşma güçlüğü çektiği belirtilmektedir.

Einstein'ın bilime olan merakı ise henüz 4-5 yaşlarındayken babasının verdiği manyetik pusula ile başlamıştır. Kendisi de yetişkinlik döneminde o pusulanın üzerinde yarattığı etkinin büyüklüğünden bahsetmiştir. Babasının onu neşelendirmek için verdiği pusulanın fazlasıyla ilgisini çektiğini söylemiş, bu dünyada keşfedilmesi gereken bir şeyler olduğunu düşünmesini sağladığını belirtmiştir.

Yahudi kökenli olmasına rağmen dindar olmayan Pauline ve Hermann çifti, dinden ziyade çocuklarının eğitimine odaklanmışlardı. Albert'i 5 yaşında iken daha iyi eğitimi olduğunu düşündükleri Katolik Hristiyan okuluna göndermişlerdi. Ve Einstein hiçbir zaman sevmeyeceği eğitim sistemini daha en

başındayken sevmediğini belli etmişti. Özellikle de disiplinden ve ezbercilikten hoşlanmamış ama yine de okula devam etmiştir. İçine kapanık bir çocuk olan Albert, öğretmenleri ile sıkıntı yaşamış, hatta bir öğretmeni babasına "oğlunuz hiçbir zaman başarılı bir insan olamayacak" demiştir.

Albert'in kültürlü ve müziğe sevdalı olan piyanist annesi Pauline, tıpkı kendisi gibi çocuklarının da müzikle uğraşmasını istemiştir. Bu nedenle; Albert'ı 6 yaşında iken keman derslerine, kardeşi Maja'yı ise piyano derslerine yollamıştır. Mozart ve Beethoven sonatları çalmaktan hoşlanan Einstein, başarılı bir amatör kemancı olmuştur. Katolik Hristiyan okulundan ayrılan Albert, 9 buçuk yaşında Luitpold Gymnasium isimli okula başlamıştır. Burada da sorun yaşamış, bazı derslerde üstün başarı gösterirken bazılarında düşük notlar almıştır. Örneğin; Latince ve Matematik, başarılı olduğu derslerin başında gelmiştir.

Bu sıralarda, Max Talmud ismindeki gencin ziyaretleri başlamıştı. Max Talmud, ailenin eski bir Yahudi geleneği olan yoksul bir öğrenciyi yemeğe davet etme adetini yerine getirmek için ağırladıkları genç olmuştur. Albert 10 yaşında iken başlayan ziyaretler, 15 yaşına gelene kadar düzenli aralıklarla devam etmiştir. Kendisinden büyük bir üniversite öğrencisi ile sohbet etmekten hoşlanan Albert, Talmud ile bilim, felsefe ve matematik gibi konularda konuşmuştur. Hatta Einstein 13 yaşındayken Talmud'un getirdiği Kant imzalı bir kitabı okumuş ve pek çok yetişkinin anlamayacağı eseri çocuk denecek yaştayken rahatlıkla anlamıştır.

Talmud'un getirdiği kitapları inceleyen ve bilime duyduğu merakı gittikçe artan Albert, geometri ile bağdaşlaştırılan ünlü matematikçi Öklid'in eserini de okumuştur. Kitabı okuyup anlamakla kalmamış, ayrıca eserdeki bütün problemleri çözmüştür. Talmud'un ziyaretleri sırasında Albert'ın hayatındaki bir diğer önemli gelişme ise dine karşı gösterdiği aşırı ilgi olmuştur. 11 yaşında evde din dersleri almaya başlamış ve dini görevlerini eksiksiz bir şekilde yerine getirmeye çalışmıştır. Ancak bilim hakkında araştırma yaptıkça, kutsal kitapta yazanların saçma olduğunu düşünmüş ve bu meylinden bir daha geri dönmemek üzere vazgeçmiştir.

12 yaşındayken amcasının getirdiği cebir kitabını deyim yerindeyse hatim eden Albert, bu alanda ne kadar yetenekli olduğunu en karmaşık problemleri bile çözerek herkese göstermişti. Geometriden kalkülüse pek çok alanda gelişen Einstein, 16 yaşında iken kendi kendine analitik geometriyi öğrenmişti. Bu sıralarda babası ve amcasının kurduğu şirket iflas etmiş, aileler İtalya'ya taşınma kararı almıştır. 15 yaşında olan Albert'ın ise Almanya'da kalmasına ve Münih'teki okuluna devam etmesine karar vermişlerdir. Fakat Einstein burada tek başına bunalıma girmiş, 6 ay sürdürdüğü yalnızlığına doktordan aldığı raporla son vermiştir. Ailesinin haberi olmadan buradaki okulu ile ilişiğini keserek İtalya'ya gitmiştir.

Liseyi terk etmiş görünen Albert, ailesine eğitimini yarıda bırakmak istemediğini söylemiş ve onlardan İsviçre'de bulunan (lise diploması şartı yok) Federal Politeknik Okulu'na gitmek için izin almıştır. Bir yandan İsviçre'deki okula kabul edilmek için ders çalışmış, bir diğer yandan da İtalya'nın ünlü mekanlarını gezmiştir. Ayrıca zorunlu askerlik fikrini kabul etmeyen Albert, İtalya'da olduğu süre içerisinde babasını da ikna ederek Alman vatandaşlığından kendi rızasıyla ayrılmıştır. 1896'a vatandaşlıktan çıkan Einstein, 1901 yılına kadar başka bir ülkenin vatandaşlığını almamış ve 5 yıl boyunca vatansız kalmıştır.

Sonunda Politeknik Okulu'ndaki sınavlara girmiş ama hayal kırıklığına uğramıştır. Çünkü matematik ve fizikte yüksek notlar almasına rağmen diğer derslerde aynı başarıyı gösterememiştir. Okul yöneticilerinin de tavsiyesiyle lise eğitimine İsviçre'de tamamlamış ve 1896 yılında diplomasını almıştır. Ardından tekrar Politeknik'e başvurmuş ve kabul edilerek fizik bölümüne başlamıştır. İsviçre'de olduğu süre içerisinde, diğer üniversite öğrencileri gibi bir hayat sürdürmüş, kafelerde barlarda arkadaşları ile bilim, felsefe ağırlıklı olmak üzere çeşitli konular üzerine kafa yormuştur.

Asiliğinden vazgeçmemiş, öğrencilik yılları içerisinde bir sürü profesörün antipatisini kazanmıştır. İlgisini çekmeyen derslere girmemiş, genellikle başına buyruk davranmıştır. Ergenlik döneminin son zamanlarında olan Albert, okulda ilk eşi olacak Mileva Maric ile tanışmıştır. İsviçre'de vaktinin büyük bölümünü kendisi gibi fizik bölümünde olan Mileva ile birlikte geçirmeye başlamıştır. 1900 yılında mezun olan Einstein, asistan olmak istemiş ancak saygısız davranışları nedeni ile bunu başaramamıştır.

Diplomasını aldıktan sonra 2 yıl boyunca işsiz kalmış, sonunda bir tanıdığı vasıtasıyla Bern'de bir patent ofisinde müfettişlik yapmaya başlamıştır. 1 sene sonra ise Mileva Maric ile evlenmiştir. 2 sene sonra, yani 1905 yılında ise Einstein'ın hayatında çok güzel gelişmeler yaşanmıştır. Ünlü dehanın yazdığı 4 makalesi yayınlanmış ve bu makaleler fizikte bir devrim niteliği almıştır. 7 yıl boyunca patent ofisindeki işine devam eden Einstein 1908'de tanınmış bir bilim adamı olarak Bern Üniversitesi'nde öğretmenlik yapmaya, ardından da Zürih Üniversitesi'nde kuramsal fizik profesörlüğü yapmaya başlamıştır.

Daha sonra çeşitli üniversitelerde görev yapmış, 1911 yılında ortaya attığı yeni genel görelilik kuramı, 1919 yılında Arthur Eddington'un güneş tutulması gözleminde doğrulanmış ve Einstein dünya çapında ün kazanmıştır. 1921 yılında ise ünlü fizikçi Nobel Fizik Ödülü'nü almıştır. 1933 yılında Amerika'da bulunduğu sırada Almanların Yahudileri bütün resmi kurumlardan uzaklaştırdığını öğrenmiş, kitaplarının yakıldığı gerçeğiyle karşılaşmış ve bir daha Almanya'ya geri dönmeyeceğini açıklamıştır. Aynı yıl birkaç ülkeyi daha ziyaret ettikten sonra Amerika'ya yerleşmiş ve hayatının geri kalanını burada geçirmiştir.

1939 yılında Einstein, ABD başkanı Roosevelt'e bir mektup yazmış ve ülkeyi Almanya'nın atom bombası tehlikesine karşı uyarmıştır. Bu mektubun etkisiyle Amerikan Hükümeti atom bombasına sahip ilk ülke olabilmek için çalışmalara başlamış ve savaş sırasında bombayı geliştiren tek ülke olmayı başarmıştır. Barışçı olan Einstein daha sonra ABD'ye bu fikri verdiği için pişman olduğunu söylese de bu hatasının tek nedeninin Almanya'nın atom bombası yapmaması için olduğunu sözlerine eklemiştir.

Albert Einstein ilk evliliğini, İsviçre Politeknik'te öğrenim gördüğü sırada tanıştığı Sırplı Mileva Maric ile yapmıştır. İlk başta eczacılık okuyan Maric, ardından fizik bölümüne geçmiş ve burada eşi olacak Albert Einstein ile tanışmıştır. Çift eğitim hayatları süresince birlikte çalışmış, farklı teoriler üretmiş, deneysel çalışmalar yapmıştır. Hatta daha sonra Einstein'in teorilerinde Mileva Maric'in katkıları olduğu ileri sürülmüş, fakat bu iddialar iddia olmakla sınırlı kalmıştır.

Albert Einstein'in mezun olduktan 2 yıl sonra 1902'de Mileva hamile kaldığı için okulu bırakarak, ailesinin yanına gitmiştir. Burada ismi Lieserl olan ilk çocuğunu doğurmuştur. Einstein ile Mileva'nın ilk çocuklarına ne olduğu hakkında kesin bir bilgi olmamakla birlikte, bu kız çocuğunun hastalanarak ölmüş ya da evlatlık verilmiş olduğu belirtilmektedir. Mileva, 1903'de Albert Einstein Bern'deki patent ofisinde çalışmaya başladığında, onun yanına gelmiş ve çift evlenmiştir. Tam da bu noktada size Einstein'in ilk eşi Mileva ile yaptığı bir anlaşmadan bahsetmek istiyorum.

Pek çok farklı kaynaktaki bilgilere göre; Einstein Mileva ile evlenmeden önce ona bir anlaşma imzalatmıştır. Anlaşmanın maddelerine göre Mileva eşi istemediği sürece onunla konuşmayacak, odasında her gün 3 çeşit yemek olacak, çalışma alanına ve yatak odasına girilmeyecek, onun izni olmadan kimseyle konuşmayacak, kimseyi tanımayacaktır. Ve Mileva tüm bu maddeleri kabul ederek Einstein ile evlenmiştir.

Çiftin evliliğinden 2 yıl sonra Hans Albert, ilk oğullarının doğumundan 4 yıl sonra da Eduard ismini verdikleri iki oğulları olmuştur. Fakat çiftin evliliği uzun sürmemiş, Einstein'ın teyzesinin kızı olan Elsa Lowenthal ile 1912 yılında yaşamaya başladığı ilişki onların ayrılığına yol açmıştır. 1914 yılında ayrı yaşamaya başlayan çift, 1919 yılında ise resmi olarak boşanmıştır. Boşanmasının ardından Albert Einstein kuzeni Elsa ile resmi olarak evlenmiştir. Çiftin hiç çocuğu olmamış ancak Elsa'nın daha önceki evliliğinden olan iki kızını kendi kızları olarak benimsemişlerdir. Ve Elsa eşi Albert Einstein'den 19 yıl önce 1936 senesinde New Jersey'de kalp ve böbrek sorunları nedenleriyle yaşamını yitirmiştir.

Albert Einstein ile İlgili Şaşırtıcı Bilgiler

Gelin bir de Einstein hakkında bilinmeyenler üzerinde duralım. Gerçi ünlü fizikçinin hayatını incelerken birkaç tanesinden bahsettik ama Einstein hakkında öğrenilmesi gereken daha bir sürü şaşırtıcı bilgi bulunuyor. İşte o bilinmeyenler:

- Kafası kocaman ve şişman bir bebek olan Einstein Ulm kasabasında saat 11.30'da dünyaya gelmiştir.

- Ölümünün ardından beyni incelenmiş ve çalınmıştır. Aile bu haberi duyduğunda çok sinirlenmiştir.

- Albert Einstein'ın 18 Mart 1955'te son vasiyetini yazmış ve her şeyini Kudüs'te bulunan Yahudi Üniversitesi'ne bağışlamıştır.

- Einstein ikinci evliliğini teyzesinin kızı yani kuzeni olan Elsa Löwenthal ile yapmıştır.

- Minyon tipli bir erkek olarak nitelendirilebilecek Einstein'ın boyunun kaç olduğu hakkında kesin bri bilgi bulunmamakla birlikte, 1.71 ile 1.75 olduğu yönünde kayıtlar vardır.

- Annesi bir piyanist olan Einstein kemanın yanı sıra piyano da çalabiliyormuş. Hatta bir açıklamasında bir fizikçi olmasaymış bir müzisyen olabileceğini söylemiştir.

- Doğduğu ve çocukluğunun büyük bölümünü geçirdiği Almanya'da Nazilerin bilim adamlarına yaptığı baskı üzerine Einstein, Atatürk'e bir mektup yazmıştır. Atatürk Einstein'ın ricasını geri çevirmemiş ve yüzlerce insanın ülkemizdeki üniversitelere gelerek, buralarda çalışmalar yapmalarını sağlamıştır.

- Yüzme bilmeyen Einstein'ın Tümmler isimli bir teknesi varmış.

- Sigara ve pipo içme alışkanlığı olan Einstein, doktorların yasaklamasına rağmen yine de alışkanlıklarından vazgeçmemiştir.

- 18 Nisan 1955'te iç kanama geçiren Einstein, gece 01.55'te hayata veda etmiştir.

- İsrail'in kuruluşuna destek veren Einstein'a ülkenin devlet başkanlığını yapması teklif edilmiştir.

- Einstein, Nobel Fizik Ödülü'nü ünlü İzafiyet Teorisi ile değil Fotoelektrik Etkisi Kuramı ile almıştır.

- Star Wars serisinin ünlü karakteri Master Yoda, Einstein'ın yüzünden esinlenerek yaratılmıştır.

- Einstein, Mileva Maric'den doğan ilk kızı Lieserl'i hiçbir zaman görmemiştir. Zaten bu çocuğun doğumu o kadar gizli tutulmuş ki varlığı; Einstein ve Mileva öldükten sonra birbirlerine yazdıkları mektuplar aracılığıyla ortaya çıkmıştır.

- Einstein, Elsa ile evlilik hazırlıkları içerisindeyken, kuzeninin büyük kızı Ilse'ye aşık olmuş ve ona evlilik teklifi etmiştir. Ancak Ilse bir baba olarak gördüğü Einstein'ın teklifini kabul etmemiştir.

Buluşları

Modern bilimin gelişimine önemli katkılar sağlayan Albert Einstein'ın buluşları bilim dünyasında büyük yankı uyandırmış ve pek çok yeni buluşun temelleri için kullanılmıştır. Gerçi aşağıda bu buluşlarla ilgili kısa bilgilerle karşılaşacaksınız ama isterseniz konularla ilgili detaylı bilgilere farklı kaynaklardan pekala ulaşabilirsiniz.

İzafiyet Teorisi (Özel Görelilik Kuramı): Yer çekimi kuvveti göz önünde bulundurularak ortaya atılmış kuramdır. 1905 yılında Einstein tarafından ileri sürülen Özel Görelilik Kuramı'na göre cisim zamanla, zaman cisimle, hareket mekanla, mekan hareketle, kısacası hepsi birbiriyle bağlantılıdır. Bu teoriye göre ışık hızı her yerde aynıdır. Işık hızından daha hızlı bir cisim olamayacağını savunan Einstein, bu hıza ulaşıldığına zamanın durması gerektiğini savunmuştur.

İzafiyet Teorisi (Genel Görelilik Kuramı): Genel Görelilik Kuramı'nda ise Newton'un kütle çekim yasası ile Özel Görelilik göz önüne alınmış, uzay; zamanı da içine alan, yoğun kütle etkisiyle eğrilmiş, dört boyutlu bir yapı olarak belirtilmiştir. Yapılan tüm deneylerle doğrulanan Genel Görelilik Kuramı'na verilebilecek bir örnek ise ömrünü dolduran bir yıldızın içine çökerek kara delikler oluşturması olayıdır.

Kütle Enerjisi Denkliği: E = MC2 formülünü bulan Einstein, kütle ile enerji arasında kurduğu bağ ile enerjinin maddenin kütlesi ile ışık hızının karesinin çarpımının eşit olduğunu savunmuştur. Ve bu formül ile modern bilimin temellerini atmıştır.

Kuantum Fiziği ve Belirsizlik İlkesi: Bu ilkede ise Einstein, zaman ve enerjinin aynı anda doğru bir şekilde saptanamayacağı fikrini savunmuştur.

Brown Hareketi ve İstatistiksel Fizik: Polenlerin su içerisindeki sıçramaları üzerine çalışan Robert Brown'un gözleminden yola çıkan Einstein, molekül büyüklüğüyle hareket arasındaki matematiksel ilişkiyi bulmuş ve atom ile moleküllerin büyüklüğünü hesaplamayı mümkün kılmıştır.

Bose-Einstein Yoğuşması (İstatistiği): Einstein'ın Hint fizikçi Satyendra Nath Bose ile yaptığı çalışması ise parçacıkları bozonlardan oluşan maddelerin en alt seviyede yoğunlaştığı, kuantum etkilerinin gözlendiği maddenin bir halidir. Bu kuramda etkileşime girmeyen parçacıklardan meydana gelen bozon gazı tek bir kuantum haline yoğuşabileceği saptanmıştır.

Fotoelektrik Etkisi: 1921 yılında Albert Einstein'a Nobel Fizik Ödülü kazandıran kurama göre ise belirli bir kaynaktan yayılan ışık veya elektromanyetik dalgalar, bir maddenin yüzeyine düştüğünde elektronlar yaymaktadırlar. Ve yayılan bu elektronlara fotoelektron denilmektedir.

ALBERT EINSTEIN HAKKINDA İLGİNÇ BİLGİLER, BİLİNMEYENLER

-Almanya doğumlu bir fizikçi olan Albert Einstein, Dünya'nın en ünlü denklemi olan "E = mc2" olarak adlandırılan ünlü denklemi ile bilinmektedir. Albert Einstein, Newton mekaniğinden çok memnun değildi. Bu teoriler klasik mekaniği ve elektromanyetik alanı açıklamak için yeterli değildi. Ve bu da onun özel görelilik teorisini geliştirmesine ilham kaynağı olmuştur.

-Albert Einstein, Almanya'nın Ulm kentinde 1879'da doğmuştur.Ebeveynleri Hermann Einstein ve Pauline Einstein'dır.

-Einstein doğduğunda çok büyük bir kafası vardı.Bu durum annesini oldukça endişelendirmiştir.Daha sonra bu durum düzelmesine rağmen, ilginç bir şekilde, gelecekte milyonlarca insana ilham verecek beyni içeren kafatası doğumda o kadar mükemmel değildi.

-Einstein üç yaşına kadar konuşmadı. Bu gerçek biyografik yazılarında ortaya çıkmıştır.Bugün geç konuşmaya başlayan olağanüstü parlak insanları tanımlamak için Dr. Thomas Sowell tarafından hazırlanan "Einstein Sendromu" terimi var.

-Gençlik yıllarını Münih'te geçirdi. Ailesi şehirde bir elektrikli teçhizat işletmesi yürütmüştür.

-Einstein'ın beynindeki parietal lob, ortalama bir beyininkinden% 15 daha büyüktü.

-Einstein'ın bilimhayranlığının başlangıcı, Einstein'ın beş yaşındayken ona babası tarafından verilen bir cep pusulasından kaynaklanmıştır. İğneyi belirli bir yönde yönlendiren şeyin ne olduğunu merak etti .Bu, bilim dünyasındaki ünlü ve uzun zamandır devam eden kariyerinin başlangıcıydı ileri de Dünyaca ünlü bir bilimadamı haline gelecekti.

-Galileo Galilei Einstein'ın en sevdiği bilim adamıydı.

-Öğretmenleri onu iyi bir öğrenci olarak görmemiştir.Onu iş için uygun görmemişlerdir.

-16 yaşında, Einstein'ın bir elektrik mühendisliği eğitimi almasını sağlayacak bir sınavda başarısız olduğu söyleniyor.

-Einstein Yahudi asıllı bir Alman vatandaşı olarak doğdu. Einstein, 1896 yılında Alman vatandaşlığını bıraktı. 1901'de İsviçre vatandaşı oldu. Ancak 1955'te bir Amerikan vatandaşı olarak öldü.

-Albert Einstein yüzmeyi asla öğrenmedi. Ancak yelkenciliği severdi. Ve yaşamı boyunca bir hobi olarak yapmaya devam etti. Ayrıca, Einstein asla çorap giymedi. Çorap giymenin bir acı olduğunu düşündü ve sık sık onlara delik açıyordu.

-Şaşırtıcı bir şekilde, Einstein da sıkıştırılmış gazlar üzerinde çalışacak bir buzdolabı icat etti.

-Sigara içmeyi çok severdi.

- Einstein çok meraklıydı ve çok genç yaşta analitik bir zekaya sahipti, hem matematikte hem de bilimde büyük yetenekler sergiliyordu.

-1921 Nobel Fizik Ödülü, Albert Einstein'a "teorik fizikteki hizmetleri ve özellikle fotoelektrik etki yasasını keşfi nedeniyle" ödüllendirilmiştir.

-Einstein isimleri, tarihleri veya telefon numaralarını hatırlayamıyordu.

-Einstein keman çalmaktan ve kuş gözlemciliğinden çok hoşlanırdı.Saç kesiminden nefret ederdi.

-Keman çalmayı 5 yaşında öğrenmiştir.

-Mileva Maric ile yaptığı 16 yıl süren evliliğinde evlilik sözleşmesi yapmışlardır.Bu sözleşmede 3 öğün yemek vermek,Einstein çalışırken masasına dokunmamak,gerekli olmadığı sürece kişisel ilişkilerden vazgeçmek gibi maddeler vardır.

-Albert Einstein'ın Japonya'daki atom bombasının kullanımını öğrendikten hemen sonra nükleer silahsızlanma savunucusu olmuştur.

-Mucize yıl 1905: Bu yıl Albert Einstein'ın hayatında mucize yıl olduğu düşünülmektedir. Bu sene en yaratıcı eserini temsil eden dört kağıt yayınladı. Bu kağıtlar kuantum teorisi, Brown hareketi (atomların varlığı), hareket eden cisimlerin elektrodinamiği ve dünyadaki en ünlü denklem - E = MC2 denklemi - kütle ve enerji arasındaki ilişkiyi kurma ile ilgili idi.Tüm bunları yaparken sadece

26 yaşındaydı.Ve gün boyu patent ofisinde çalışıyordu.

-Einstein, 1915'te yayınladığı görelilik teorisini onun ustalığı olarak kabul etti. Teorisi, Sir Isaac Newton'un yer çekimi teorisinin ortaya çıkmasından bu yana yeryüzünde 250 yıl içinde yayınlanacak ilk teori idi.

-1955'te ünlü fizikçi ve bilim adamının ölümünden sonra vücudu yakıldı ve küller dağılmıştı. Bununla birlikte, otopsi yaparken Princeton Hastanesi'nde patolog Thomas Harvey'in tuttuğu vücudunun tek kısmı beyniydi. Thomas Harvey daha sonra otopsi sırasında çıkardığı Einstein'ın beynini çaldığı için hastaneden kovulmuştur.

Bilinmeyen Yönleriyle Albert Einstein

Ailesi

- Albert Einstein, 14 Mart 1879 tarihinde Güney Almanya'nın Ulm kentinde dünyaya gelmiştir.
- Babası ve amcasının küçük bir elektrokimya fabrikaları vardır. Annesi ise eğitimli bir ev hanımıdır. Annesinin klasik müziğe oldukça ilgisi vardır. Einstein'ın klasik müziğe olan merakının annesinden geldiği tahmin edilmektedir.
- Babasının iflası üzerine İtalya'ya gitmişlerdir.

Çocukluğu

- Konuşmayı geç öğrenmiştir ve çok içine kapanık bir çocukluk geçirmiştir.

- Okula hiçbir zaman ısınamamıştır. Ortaya koyduğu dehasının temellerini okulda değil kendisininde belirttiği gibi başka yerlerde atmıştır. Ancak burada bir şeyi belirtmeliyiz ki, Einstein'in okula ısınamaması onun başarısız bir öğrenci olduğu anlamına gelmez. Aslında bilinenin aksine Einstein derslerinde başarılı bir öğrenciydi.

- Fizik ve matematiğin yanı sıra Felsefe alanına da ilgisi vardı. Kant, severek okuduğu filozoflardandır.

- Müthiş bir konsantrasyon becerisi vardır.

Okul Hayatı

- 16 yaşına geldiğinde Avrupa ve dünyanın en önde gelen üniversitelerinden olan Zürih Polytechnique Üniversitesi'ne başvurmuştur ancak yaşının küçüklüğünden dolayı başvurusu reddedilmiştir. Ama okulun yöneticisi Einstein'daki potansiyeli görmüş ve İsviçre'de bir liseden diploma alıp tekrar başvurmasını önermiştir.

- Einstein'ı İsviçre'de bir liseye gönderirler. Bu lise Einstein'ın dehasının yeşermesini sağlayacak potansiyel ortama sahiptir. Açık görüşlü öğretmenleri, bağımsız düşünmeye sevk eden bir ortamı vardır. Einstein öğretmenleri soruları çözene kadar uğraşıyordu ve peşlerini bırakmıyordu.

- Einstein, Almanya'nın militarizminden ve sıkı yönetiminden hiç hoşlanmıyordu. Zorunlu askerlik yapmak da istemiyordu. Alman vatandaşlığından çıkmak istediğini ve İsviçre vatandaşı olmak istediğini babasına söyledi, babası başlarda onaylamazken daha sonra oğlunun fikirlerine saygı gösterdi ve Almanya vatandaşlığından çıktı. Ancak İsviçre vatandaşlığını alamadı. 5 yıl boyunca vatansız bir şekilde yaşadı.

- Liseyi bitirdikten sonra Politeknik'e tekrar başvurdu ve yaşı hala yeterli olmamasına rağmen, okula kabul edildi. Einstein fizik bölümünü tercih etti. Adolf Hurwitz, Hermann Minkowski gibi ünlü ve başarılı isimler Einstein'ın profesörleri arasındaydı.

- Üniversitesi dünya standartlarındaydı ve pek çok ekipmana sahipti.

- Politeknik'te 4 sene boyunca sadece 2 dönem sınava tabii tutuluyorlardı. Not ya da devamsızlık gibi konularda kaygılanmıyorlardı. Einstein hiç ders notu tutmamıştır. Arkadaşının titizlikle tuttuğu notlar sayesinde dersleri geçebilmiştir. Bu arkadaşı hayatı boyunca da arkadaş olarak kalacağı Marcel Grossman'dır.

- Einstein üniversite boyunca tipik bir Avrupalı gibi yaşadı. Ders çıkışlarında kafe ve barlara gidiyor. Arkadaşlarıyla bilim ve felsefe hakkında konuşuyorlardı.

Çalışmaları

- İki olay onun bilime olan merakını ateşlemiştir. Bunlardan birincisi; beş yaşındayken amcasının armağan ettiği pusula, öyle ki Einstein'in ilgisini hayliyle çekmiş ve pusulanın yapımındaki gizem onu büyülemiştir. İkincisi ise; Öklit geometrisine duyduğu ilgi. Kendisi bununla ilgili şu sözleri söyler; "Gençliğinde bu geometrinin büyüsüne kapılmayan bir kimsenin, ileride kuramsal bilimde parlak bir atılım yapabileceği hiç beklenmemelidir."

- Nobel Fizik Ödülünü kazanmıştır.

- Einstein, diğer bilim insanlarının aksine X-files adı verilen normal üstü konulara aşırı ilgiliydi. Öyle ki "altıncı his" ile ilgili ortaya konulan kanıtların göz ardı edilemeyeceğini savunuyordu. Ayrıca insanların telepatik yollar ile iletişim kurabileceğini düşünüyordu.

- Özel görelilik kuramı, genel görelilik kuramı, fotoelektrik etki, Brown hareketi ve istatiksel fizik, Kuantum fiziği ve belirsizlik ilkesi ve kozmoloji alanlarında çalışmaları olmuştur.

- Kendisinin "hayatımın en büyük hatası" olarak tanımladığı olaylar zinciri ise 1917'li yıllara uzanıyor. Görelilik kuramı üzerine yoğunlaştığı zamanlarda genel kabul gören fikir, evrenin sonsuz ve değişmez olduğu üzerineydi. Einstein'ın denklemleri ise hareketli bir evreni desteklemekteydi. Dolayısıyla o da her öğrencinin yapacağı gibi evrenin sabitliğini korumak adına denklemlerine "Lambda Faktörü"nü katmıştır ancak Einstein denklemlerinde haklıydı ve ilerleyen zamanlarda ABD'li astronom Edwin Hubble evrenin gerçekten de genişlediğini ilan etti. Ancak Einstein'ın yanılgısı Lambda Faktörü'nü kullanması değildi. Lambda Faktörü'nün bir yanılgı olduğunu düşünmesiydi. Çünkü evrenin genişlediği açıklandıktan sonra bütün denklemlerinden lambda formülünü çıkarmıştır. Ancak birçok astronom lambda faktörünü kullanarak, bunun evrenin büyümesini hızlandırdığına ilişkin kanıtlar bulmuşlardır.

- Daha sonraları Einstein'ın iyi niyetle hazırlamış olduğu ancak kötü düşünceli insanların elinde korkunç bir silaha dönüşecek olan, kendisininde başlarda emin olmadığı "İnsan vücudunun ataleti, enerji doygunluğuna mı bağlı?" başlığını attı. Ancak enerjiyi, atomu parçalayarak elde edebileceğini atlıyordu. Alman bilim adamı Otto Hann ve meslektaşları uranyumun atomlarını ayrıştırınca, Einstein hatasını anladı ve ABD'nin o dönemki başkanı Franklin Roosevelt'e mektup yazarak, Nazilerin nükleer silahları geliştirebileceği konusunda kendilerini uyardı. Bu mektup belki de dünya tarihini değiştirmiştir diyebiliriz. Bu mektup üzerine müttefikler ilk atom bombası yapımına başladılar.

Einstein Hakkında İddialar

- Einstein komünistlik ve ajanlık gibi suçlamalara da maruz kalmıştır. Ancak hiçbir zaman atom bombası yapımı planı içerisinde yer almadı.

- Einstein'ın emperyalizme karşı eylemler yapan bir örgütün onursal başkanı olduğu şeklinde söylentiler vardır. Ancak Sovyetler Birliği'ni eleştirdiği kamuoyu açıklamaları da mevcut.

- Einstein ile ilgili en ilginç iddialardan bir tanesi ise onun 'ölüm ışını'nı bulduğu şeklindedir. FBI raporlarında geçen bu konu, çok olmasa da gerçeklik payı taşıyordu. Arkadaşı Gustav Bucky ile birlikte laboratuvarda bu makine üzerine çalışma yaptıkları şeklinde tanıkların olması iddiayı daha da ilgi çekici hale getirmiştir. Yetkililer laboratuvara gittiklerinde makine ile ilgili hiçbir kanıt bulamadılar ancak bunda laboratuvarın yıkık olmasının etkisi fazlaydı. Laboratuvarın yıkık olması ise iddialar gerçek miydi? sorusunu gündeme taşıyordu. Daha sonraları ölüm ışını dedikleri şeyi lazerin atası olarak kabul ettiler.

- Einstein, atomaltı parçacıkları yönlendiren kurallar biçiminde tanımlanan kuantum teorisini tam olarak benimseyemedi. O daha çok parçacıkların ne zaman hareket edeceğinin belirsiz olduğu görüşünü reddetti. Einstein bu konu ile ilgili şu sözleri söylemiştir: "Tanrı'nın evrenle kumar oynadığına inanamam."

Evliliği

- Einstein hayatı boyunca iki evlilik yapmıştır. Bunlardan ilki Politeknik'te tanıştıkları Sırp kökenli Mileva Maric'tir. Einstein'in ilk senesinde sınıf arkadaşıydı ve bu dönemde aralarında duygusal bir ilişki başladı. Üniversitenin son senesinde evlenme kararı aldılar. Mileva hamile kaldığı için eğitimini yarım bırakmak zorunda kalmış ve ailesinin yanına dönerek bir kız çocuğu dünyaya getirmiştir. Daha sonra Einstein'ın yanına dönen Mileva ile evlenmişlerdir. Bu evlilikten iki tane de erkek çocukları olmuştur.

- Einstein, Mileva ile evliliği esnasında teyzesinin kızı Elsa Loewenthal ile aşk yaşamaya başlamış ve bunun üzerine Mileva ile ayrılmışlardır.

- İkinci evliliği ölümüne kadar sürmüştür ancak Elsa'yla birlikteyken de başka kadınlarla kaçamakları olmuştur.

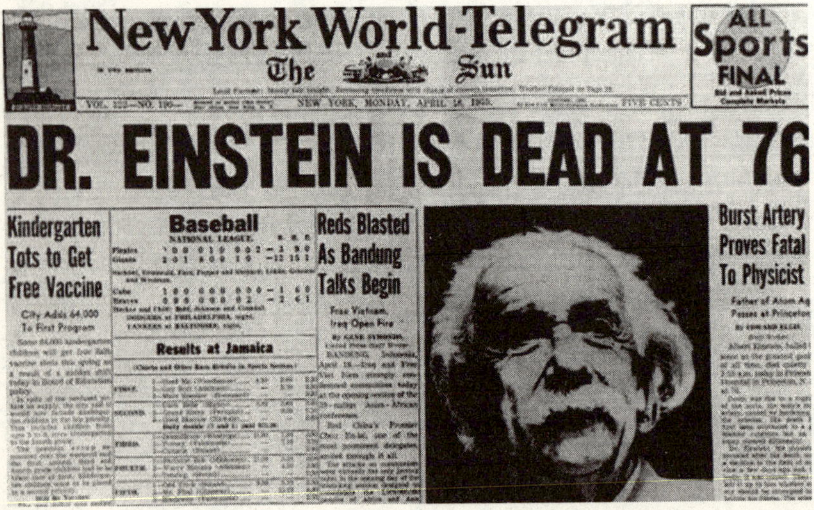
New York World-Telegram and The Sun

ALL Sports FINAL

DR. EINSTEIN IS DEAD AT 76

Kindergarten Tots to Get Free Vaccine

Baseball

Results at Jamaica

Reds Blasted As Bandung Talks Begin

Burst Artery Proves Fatal To Physicist

Ölümü ve Beyni

- 18 Nisan 1955'te iç kanama sebebiyle yaşamını yitirdi. Ameliyatı şu sözler ile reddetmiştir: "İstediğim zaman gitmek istiyorum. Hayatı yapay bir şekilde uzatmak tatsız. Ben payımı kullandım, şimdi gitme zamanı ve bunu zarif bir şekilde yapmak istiyorum."
- Princeton Hastanesi patolojisti Thomas Stoltz Harvey otopsisi yapılacağı esnada Einstein'in beynini çıkarmış ve "Bu dünyamız hakkında her şeyi değiştiren beyindir." demiştir. Beyni kendi sefer tasına koyup incelemek üzere evine götürmüştür.
- Beyni, normal bir beyine göre yüzde 12 oranında daha hafif çıkmıştır. Bazı parçalar alıp inceleyen nörologlara göre ise düşünceyi besleyen sinirlerin sayısının, olması gerekenden daha fazla olduğunu belirtmişlerdir. Uzmanlara göre Sylvian fisürü, beyindeki bilgi alışverişini kolaylaştırırken matematik ve uzay-mekan bağlantısı kurma yetisini de arttırıyor. Bu Sylvian fisürü Einstein da oldukça gelişmiş ve alt parietal lobun normaline göre %15 daha geniş olduğu tespit edilmiştir.
- Albert Einstein'in bir söyleşi de söylediği söz: "Neden beni hiç kimse anlamıyor, ama herkes beni seviyor?" Fransız Felsefe Cemiyetinde ise şu sözleri söylemiştir: "Görelilik kuramım başarıyla kanıtlanırsa Almanya benim bir Alman olduğumu iddia edecek. Fransa ise dünya vatandaşı olduğumu açıklayacaktır. Kuramım gerçek dışı çıktığında ise, Fransa bir Alman olduğumu söyleyecek. Almanya ise bir Yahudi olduğumu açıklayacaktır." Aforizma Einstein Arşivinde ise şu sözleri yer almaktadır: "Ben gelecek için hiçbir endişe duymadım. O yeterince hızlı geliyor."

9 MADDEDE ALBERT EİNSTEİN'IN SAVAŞ KARŞITI MÜCADELESİ

Einstein, hayatı boyunca iki dünya savaşına tanık olmuş ve yaptığı bilimsel çalışmalarla ister istemez bu savaşların gidişatını etkilemiştir. Yaşanılan birçok olay onu derinden etkilemiş, bunun sonucunda Einstein dünyadaki varolan durumu sorgulama ve bu gidişatı etkileme çabası göstermiştir. Örneğin günümüzde çoğumuzun öğrenince önce şaşırdığı, sonra kanıksadığı bir gerçek olarak Amerikan halkının dünyadaki olaylara ilgisizliği ve bu konularda bilgisizliği 8'inci maddede ifade edildiği gibi Einstein tarafından öngörülmüştür. Amerika teknoloji olarak diğer devletlere görece ileriyken Amerikan halkının bu gelişmelere kıyasla birçok konuda geride kalmışlığı ve ilgisizliği, bilimin topluma yayılmamasıyla ve sadece teknoloji üretme vizyonu verilerek kısır bırakılmasıyla açıklanabilir.

İkinci maddede bir kısmı alıntılanan mektubu Einstein, 1931 yılında Freud'a yazmıştır. Maddedeki alıntılarla özetlenebilecek mektuptan yapılan alıntılarda da görüldüğü gibi Einstein savaşı bitirme görevini yine savaşı başlatan dinamikleri yaratan ve bunları muhafaza eden devletlerce başı çekilen Milletler Cemiyeti'ne verme yanlışına düşmüş bununla da kalmamış din kurumlarının toplumu savaşa dahi sürükleyebilen ideolojik işlevlerini gözden kaçırmıştır.

Bu listede genellikle Einstein'dan alıntılarla olmak üzere Einstein'ın yaşanılan dünya savaşlarının vahşetine karşı mücadelesi anlatılmaya çalışıldı. Bu mücadelenin eksik yönleri olduğunu söylemek yanlış olmayacaktır. Einstein'ın savaş karşıtı mücadelesinin eksikliklerini kapsamlıca düşünmek ve tartışmak başka bir yazıya ve okuyuculara kalsın.

1- Diğer eğitimli insanlara görev biçmesi

1914'te, Birinci Dünya Savaşı sırasında ana fikri, 'Tüm ülkelerdeki eğitimli insanlar barışçıl davranışlarıyla diğer insanları etkileyerek gelecek savaşlara engel olmalı.' olarak özetlenebilecek 'Avrupalı'lara Manifesto' isimli militarizme ve kendi deyişleriyle bu barbar savaşa karşı hazırlanan -aynı zamanda Alman hükümeti destekli 'Manifesto to the Civilized World' adıyla 100 ünlü Alman entellektüelin desteklediği manifestoya da cevap olan- manifestoyu imzalayabilecek kadar cesur olan Einstein dışında yalnızca üç kişi vardır.

2- Freud'a yazdığı mektup: 'Niçin Savaş?'

"(...) Politik önderler ve yönetimler yerlerini ya zorbalığa, ya da yığınların oyuna borçludurlar. Ulusların düşünce ve ahlâkça yüksek bölüklerinin temsilcisi sayılamazlar. Ama, seçkin aydınlar, bugün halkların tarihi üzerinde doğrudan doğruya hiç bir etkide bulunamıyor; oraya buraya dağılmış bulunmaları günün sorunlarının çözümlenmesine doğrudan doğruya katılmalarına engel oluyor. Yaptıkları ve yarattıklarıyla yetilerini ve iyi niyetlerini göstermiş olanların kendi kendilerine bir araya gelmesi, dünyaya bir değişiklik getiremez mi dersiniz? Üyeleri birbirleriyle sürekli düşünce alışverişi içinde bulunacak olan bu uluslararası birleşme, tutumlarını basında ortaya koyarak, imzalarının sorumluluğunu yüklenerek, politik sorunların çözümü üzerinde önemli ve uyarıcı bir etki sağlayabilir (...)"

"(...) Doğrusu ben, böyle bir işe girişmeyi büyük bir ödev

sayıyorum. Böyle bir yüksek aydın topluluğu kurulunca, sistemli olarak dinsel kurumları da savaşa karşı harekete geçirmeye çalışmalıdır. İyi niyetleri bugün acı bir boyun eğme ile felce uğrayan bir kişiye içten destek olurdu. Düşünce ürünleriyle yüksek bir saygınlığa ulaşmış olan kişilerin kurduğu böylesi bir topluluk, Milletler Cemiyetinin güçleri için değerli bir dayanak olacaktır. (...)" [devamını oku>

3- Doğa bilimcilerinin görevi

1922'de Almanca bir pasifist el kitabı yayınlanır. Einstein bu kitaptaki bir makalesinde "kültürel değerlere sahip çıkan biri pasifist olmakta başarısızlığa uğrar. Bir doğa bilimcisi çalışma alanının evrensel doğası ve uluslararası işbirliğine bağlı olması sebebiyle pasifist amaçlara duyarsız kalamaz. Teknolojideki gelişme dünyadaki ekonomileri birbirine bağımlı hale getirdiğinden her savaş küresel etkilere sebep olur.' yazarak, doğa bilimcilerine barışçı bir görev biçer.

4- Milletler Cemiyeti ile ilişkisi

Einstein ve diğer ünlü entellektüeller (Örneğin, radyoaktivitenin ve pek çok atomun kaşifi Marie Curie) barışı sağlamak göreviyle Milletler Cemiyeti'nin entelektüeller grubuna davet edilir. Başta bunu kabul eden entelektüeller, daha sonra bu Cemiyet'in en güçlü devletlerin lehine çalıştığı yönündeki izlenimleri sonucu ayrılmışlardır.

"Savaşsız bir dünyanın mimarları askerlik görevini yapmayı reddeden gençler olacaktır."

5- Zorunlu Askerliğe karşı oluşu

1914'ten beri tüm dünyada savaşa karşı bireysel direnç gösterme yönünde bir hareket büyüyordu. Einstein, 1928'de 'orduya hizmeti' kesinlikle reddettiğini açıklamıştı. Dünyada tanınan diğer pasifistlerle beraber zorunlu askerlik hizmetine karşı bir manifestoyu imzaladı.

6- Toplumu harekete geçirme çabası

30'ların sonunda Einstein Amerika'ya seyahat eder. Bu ziyaret, meşhur '%2 konuşmasını' yaptığı ziyarettir. Bu konuşma: 'Gerçek bir pasifist, zorunlu askerliğin bulunduğu ülkelerde askeri görevi reddetmelidir. Gerçek pasifistler zorunlu bir askeri hizmet yoksa hiçbir durumda silah altına girmeyeceklerini kamuoyuna duyurmalıdır. Ne olacak ki, bizi hapse atmazlar mı, diyenlere cevabım; yüzde ikiniz bile savaşmayı reddederseniz hükümetlerin eli kolu bağlanacaktır, bu kadar kişiyi hapse atmaya güçleri yetmez.' Bu konuşmadan sonra '%2' yazılı rozetler genç Amerikalı'ların ceketlerinde görülmeye başlandı.

7- Bilimin savaş karşısında nasıl bir tavır takınması gerektiği konusunda düşüncesi

Yaptığı seyahat California Teknoloji Enstitüsü'ne ziyaret amacını taşıyordu. Einstein bu ziyaretinde buradaki yüzlerce 'Caltech' öğrencisine: 'Pratikte bilim neden bize bu kadar az tatmin sağlıyor? Bu sorunun cevabı basit, bilimi pratiğe dökmenin uygun yolunu bilmiyoruz da ondan. Bilim, savaş zamanlarında insanlara birbirlerini zehirlemeye, sakatlamaya olanak sağlıyor. Barış zamanlarında hayatlarımızı belirsiz bir hale sokuyor. Bizi makinelere köle haline getiriyor. Teknolojik üretimin asıl objesi, ilgisi insanoğlu olmalı. Bunu şemalarınız ve denklemlerinizle uğraşırken asla aklınızdan çıkarmayın.'

"Dünya kötülük yapanlar yüzünden değil,hiçbir şey yapmadan durup izleyenler yüzünden tehlikeli bir yerdir"

8- Bilim ve toplum ilişkisinin etkisini görmesi

Einstein ABD'ye yaptığı gezi sonucunda bir makale yazdı. Bu makalesinde dikkatini çeken bir nokta: 'Amerika Birleşik Devletleri, günümüzde teknolojik olarak avantajlı ülkeler arasında en güçlüsü. Uluslararası siyasette ABD'nin potansiyel etkisi öngörülemez düzeyde. Fakat Amerikan halkı bu zamana kadar başını silahsızlanmanın çektiği uluslararası büyük problemlere karşı pek ilgi gösermiş değil. ABD halkı dünyanın siyasi gelişimine karşı sorumluluğunun farkına varmalı. Aylak bir izleyici konumunda olanlar Amerika için değersiz. Uzun vadede hepimiz için feci sonuçlar doğurabilir.'

9- Bürokratik yolları zorlaması

1945 yılının Nisan ayında, Leo Szilard ABD'nin bir nükleer silahlanma yarışı başlatacağı yönünde kapıldığı derin korkusunu Einstein'la paylaştı. Einstein dönemin Devlet Başkanı Roosevelt'e mektup yazdı ve ona atom bombasının kullanılmaması konusunda sert bir uyarıda bulundu. Fakat bu mektup Roosevelt 12 Nisan'da öldüğünde Roosevelt'in masasında halen açılmamış durumdaydı. Roosevelt'ten sonra gelen Devlet Başkanı Harry Truman ise kendisine ulaşmak isteyen bilim insanlarına ofisini açamayacak kadar meşguldü.

Albert Einstein

ALBERT EİNSTEİN'İN DÜNYAMIZA BAKIŞI: BİLİM VE TOPLUM ÜZERİNE DÜŞÜNCELERİ

Bilim, insan işleri üzerinde iki yoldan etki yapar. Birincisi, hepimizin bildiği bir yoldur: Bilim insan hayatını baştan başa değiştiren, dolaysız, daha çok dolaylı olarak bir takım olanaklar yaratır, ikinci yol eğitici bir nitelik taşır - insan düşüncesini etkiler. Bunun etkisi üstünkörü bir bakışla görülmezse de, daha az derin değildir.

Bilimin en gözle görünen pratik etkisi, hayatı hem zenginleştiren, hem karmaşık hale sokan bir takım buluşlara yol açmasıdır; bunlar, buhar makinası, demiryolu, elektrik gücü ve ışığı, telgraf, radyo, otomobil, uçak, dinamit vb. gibi buluşlardır. Bunlara bir de biyoloji ve tıp alanında insan hayatını koruma amacıyla yapılan buluşları, özellikte acıları dindirme yollarını ve yiyecekleri koruyup saklamaya yarayan teknik icatları eklemek gerekir.

Ama, bütün bu buluşların insana sağladığı en büyük iyilik, eskiden, .basit yaşayışı sürdürmek için pek gerekli olan o son derece yıpratıcı beden çalışmasından insanı kurtarmış olmasıdır bence. Bugün köleliğin genel olarak ortadan kalktığını ileri sürebiliyorsak, bunu bilimin pratik sonuçlarına borçluyuz.

Öte yandan, teknoloji, ya da uygulamalı bilim, insanlığı son derece ciddi bir takım sorunlarla karşı karşıya getirmiştir, insanlığın yaşaması, bu sorunların yararlı bir yoldan çözümlenmesine bağlıdır. Yapılacak şey, yeni bir takım toplumsal kurumlar ve gelenekler yaratmaktır. Öyle kurumlar ki, onlar olmadıkça, yeni âletler, ister istemez insanlığın başına belâların en büyüğünü açabilir.

Örgütlenmemiş bir ekonomide, mekanik üretim araçları şu sonucu doğurmuştur: insanlığın hatırı sayılır bir bölüğü mal üretimi bakımından artık gerekli olmaktan çıkmış ve böylece ekonomik oluşumun dışında kalmıştır. Bunun sonucu olarak da, ilk ağızda, satın alma gücünde bir azalma olmuş ve aşırı yarışma yüzünden iş gücünün değeri düşmüştür ki, bu da, git gide daralan aralıklarla, mal üretiminin ciddi olarak felce uğramasına yol açmıştır. Öte yandan, üretim araçları, bunları ellerinde tutanlara, politik kurumların geleneksel güvenekleriyle önlenemiyecek ölçüde bir güc sağlamaktadır, insanlık bu yeni koşullara uymak için yeni bir savaşa girişmiştir. Bizim kuşağın insanları, görevlerine yaraşır bir güc gösterebilirse, bu savaş gerçek bir kurtuluşa götürebilir.

Teknolojiye gelince, o da mesafeleri kısaltmış ve son derece etkin bir takım yeni yıkma araçları yaratmıştır. Bu araçlar, davranışlarında alabildiğine serbest olmak isteyen ulusların elinde, insanlığın hayatını ya da güvenliğini tehlikeye koyabilmektedir. Bu durum, bütün dünya için bir tek yürütme ve yargı gücünü gerekli kılar. Ne var ki, millî gelenekler böylesi bir merkezî gücün kurulmasına umutsuzca karşı koymaktadırlar. Burada da, kendimizi yene bir savaşın, sonucu hepimizin kaderini belirliyecek bir savaşın ortasında bulunuyoruz.

Ulaştırma araçları, basılı sözü çoğaltma yolları ve radyo modern silâhlarla birleşince bedenle ruhu merkezi bir gücün buyruğu altına koymaya yüz tutmaktadırlar ki, bu da insanlık için üçüncü bir tehlike doğurmaktadır. Çağımızın zorbalıkları ve onların yıkıcı etkileri, bu ilerlemeyi insanın yararına kullanmakta ne denli geri kaldığımızı açıkça göstermektedir. Burada da durum ve koşullar, uluslararası bir çözüm yolu ve bu çözüm için de - henüz yoksun bulunduğumuz - psikolojik bir temel gerektirmektedir.

Şimdi, bilimin insan düşüncesi üzerine yaptığı etkilere gelelim. Bilim - öncesi çağlarda, yalnız düşünce ile, bütün insanlığın zorunlu ve kesin diye kabul edebileceği sonuçlar elde edilemezdi. Tabiattaki bütün olayların katı yasalara bağlı olduğu düşüncesi de kabul edilemezdi. Tabiat yasasının, ilkel bir insanın gözündeki bölük pörçük görünüşü perilere cinlere olan inancı beslemekle kalır. Onun için, ilkel insan, bugün bile, tabiatüstü ve sorumsuz bir takım güçlerin hayatına karışabileceği korkusu içinde yaşayıp durmaktadır.

Bilimin en büyük zaferi, insanın kendine ve tabiata karşı duyduğu güvensizliği, insan aklı üstündeki etkisiyle yenmek olacaktır. Eski Yunanlılar ilkel matematikle birlikte, ilk defa olarak, sonuçlarından hiç kimse nin kaçmamıyacağı bir düşünce sistemi kur-muşlardı. Ondan sonra Rönesans bilginleri, sistemli deneyle matematik yöntemi birleştirmeyi düşündüler. Bu birleşme, tabiat yasalarını, deneyle doğrulayarak, öylesine kesin bir biçimde dile getirebiliyordu ki, tabiat bi-liminde artık düşünce ayrılıklarına yer kalmıyordu. O günden bu yana, her kuşak akıl ve bilgi mirasını arttırmıştır ve bütün yapıyı tehlikeye sokabilecek en ufak bir buhran korkusu kalmamıştır.

Albert Einstein

ALBERT EİNSTEİN TANRI VE SİYONİZM ÜZERİNE GERÇEKTE NELER DEMİŞTİ?

SASWAT PATTANAYAK

Einstein'ın ölümünden kısa bir süre önce kaleme aldığı "Tanrı Mektubu"nun geçenlerde açık artırmayla 3 milyon doların üzerinde bir fiyata satışa sunulmasıyla birlikte, ünlü fizikçinin gerçek düşünce yapısı yeniden dünyanın gündemine oturdu.

Bugüne dek Einstein, en tutucu kesime göre çağdaş fiziğin babası, en özgürlükçü bakış açısına göre dünyanın gelmiş geçmiş en zeki insanı olarak bilindi. Ne var ki, yaşam öyküsünü konu alan onca yazılı belgeye karşın, Einstein'ın eylemci kimliği hemen hemen hiç bilinmedi ve bir devlet adamı olarak da çok yanlış anlaşıldı. Yaşamının kimi yönleri bile bile hasıraltı edilirken, kimi yönleri fazlasıyla abartıldı, kimileri de tümden uyduruldu.

Yönetici sınıf seçkinlerinin kalıtlarından kendilerine bir pay çıkarttıkları düşünülürse - kendisine oturma hakkı tanıyan ABD Soğuk Savaş propagandasında ondan yararlanmaya çalışırken, İsrail ve Yahudi Diyasporası tarihin en ünlü Yahudisi olarak eylemlerinde Einstein'ın çığırtkanlığını yapmak zorundaydı. Dinsel düşünürler onu gizli bir dindar olarak değerlendirirlerken, ilerlemeciler onu idealist bir sosyalist olarak sahiplenmişlerdi- bu son derece doğal bir durum. Gelgelelim, onun açık artırmayla satışa sunulan bu mektubu uzun süredir benimsenen bu tür uzlaşmacı görüşleri darmadağın etti, yerleşik söyleni bozdu ve elbette ki Einstein'ı ne denli az tanıdığımızı tüm dünyanın gözleri önüne sermiş oldu.

Einstein, mektubunda görüldüğü gibi, Tanrı ve din konusuna böylesine tatsız bir eleştiri getirdiğine göre onun bilmediğimiz daha başka yönleri de olabilir miydi? Dâhi (öke) sözcüğünün karşılığı olarak gösterilen bir kişinin daha az bilinen yönleri kimler tarafından gizli tutulmuştu? Herkesin bağrına bastığı bu bilim adamıyla ilgili birtakım gerçeklerin çarpıtılmasına neden gerek duyulmuş olabilirdi?

Tüm bu soruların yanıtları Einstein'ın yaşamı boyunca somut bir örneğini oluşturduğu eleştirel açıklık ve katıksız ökelikte-çapraşık ve yararcı dünyamızın yüzleşmeye asla hazır olmadığı çıplak gerçeklerde yatıyor. Sonuçta, eleştirel bir düşünürü kahraman ilan edip ona tapmak, onun gerekli gördüğü kural ve buyrukları araştırıp didiklemekten her zaman çok daha kolay olmuştur.

Einstein dünyanın en tanınmış kişilerinden biri olmasına karşın, yaşamının sonlarına doğru bu durumun onun için pek de bir önem taşımadığını, "Herkes kim olduğumu bilebilir, ama beni gerçekten tanıyan çok az kişi var" sözleriyle dile getirdi. Einstein'ın gerçekte kim olduğunu bilmenin tarihsel bir önemi olup olmadığı sorusu dinsel savaşların tırmandığı, İsrail'in uyguladığı şiddetin sözel olarak desteklendiği ve kapitalizm ilkelerinin etkin biçimde benimsendiği bir dünyada giderek çok daha ciddi bir anlam taşıyor. Ne olursa olsun, uluslararası ilişkileri en bilgili biçimde çözümleyen ünlü dünya vatandaşı Albert Einstein bugün bile bu krizlerin her birine en elle tutulur çözümleri getirebilen biri.

Tanrı mektubu

Soruların yanıtlarını bulmak için işe üç milyon dolarlık mektuptan başlayıp, oradan Einstein'ın köklerine ve geçirdiği evrime doğru yol alalım. "Tanrı Mektubu"nda (1954) Einstein şöyle yazıyordu:

"Tanrı sözcüğü bana göre insanın güçsüzlüğünün bir ifadesi ve ürünü olmaktan başka bir şey değil. İncil saygı duyduğum, ancak yine de ilkel ve bir hayli çocuksu bulduğum bir söylenceler topluluğu. Hiçbir yorum, ne denli incelikli olursa olsun, bu görüşümü değiştiremez. En incelikli yorumlamalar birbirlerinden oldukça farklılar ve bunların özgün metinle hemen hemen hiçbir ilgisi yok. Bana göre Yahudilik, öteki tüm dinler gibi, en çocuksu boş inançların nesneleştirilmesidir ve üyesi olmaktan mutluluk duyduğum, düşünce yapısına son derece yakın olduğum Yahudi halkı da benim için öteki insanlardan farklı bir niteliğe sahip değildir...Bu insanlarda 'seçilmiş' olduklarını gösteren hiçbir şey görmüyorum."

Bu mektupta Tanrı, Yahudilik ve İsrail gibi kavramlara açıkça karşı çıkılması, özellikle de bugüne dek Einstein'a günümüzün "edepli" normlarına göre davranılması gerektiği sistemli bir biçimde öğretilen bir dünyada, çok kişiyi şaşırttı.

Mektubun içeriğine dünya çapında ilgi gösterilmesine karşın, Einstein'ın yazdıkları kendi ölçütlerine göre şaşkınlık yaratmaktan uzaktı ve öne sürdüğü düşünceler olağanüstü huzur bozucu nitelikte değildi.

Einstein'ın insanın kendini iyi hissetmesini sağlayan barışçı insancıllığıyla ilgili ezberin onun gerçek anlamda köktenleştirilmiş komünist eylemciliğinin öne çıkartılması adına bozulması, sağladığı yararlı katkıların herkesçe bilinmesi ve en başında niyetlenildiği gibi tüm dünya devrimcilerine esin kaynağı olması açısından son derece önemli.

Einstein'ı Siyonist yapmaya kalkışma

Einstein'ın meslek yaşamını ve kalıtlarını etkileyen anti-semitizmin bilincinde olan Siyonist lider Chayim Weizmann 1921'de önde gelen Siyonistlerden biri olan Kurt Blumenfeld'den "Einstein'ı kışkırtmasını" istedi. Ancak Blumenfeld ona, "Einstein'ın bir Siyonist olmadığını biliyorsun. Sakın onu Siyonist yapmaya ya da bizim örgüte katılmasını sağlamaya çalışma... Sosyalizme eğilimli olan Einstein Yahudi emek ve emekçilerin hedefleriyle çok yakından ilgileniyor... Einstein'ın konuşmalar yapmasını bekliyormuşsunuz diye duydum. Bu konuda çok dikkatli olun, çünkü çoğu zaman ağzından safça dökülen sözcükler hiç de işimize gelmeyebilir" diyerek uyarıda bulundu. Einstein'ı kışkırtmaya gerek yoktu. Seçimini hep ezilenlerden yana yaptığından Weizmann'ın İngiltere ve Amerika'yı ziyaret etme çağrısını şöyle bir yazıyla hemen kabul etti:

"Birçok yerde kendini belli eden yüksek gerilimli Yahudi ulusalcılığı her an hoşgörüsüzlüğe ve bağnazlığa dönüşebilecek bir tehlike yaratıyor. Umarım bu durum salt çocuksu bir kafa karışıklığından ibarettir."

Ayrıca Blumenfeld kesin bir yanılgı içindeydi, çünkü Einstein hiç de saf değildi. Yaşadıklarından "anti-Semitizmin çoğu zaman siyasal hesaplarla ilgili bir sorun" olduğunu biliyordu. İsviçre'de olduğu sırada Yahudiliğinin ayırdında değildi ve yazılarında, "Yaşamımda Yahudi duyarlılığımı uyandıracak hiç bir şey yoktu. Bu durum Berlin'de yaşamaya başlar başlamaz ortaya çıktı. Orada genç Yahudilerin, özellikle de Doğu Avrupalı Yahudilerin, içinde bulundukları kötü durumu gördüm. Günümüzde Alman ekonomisinde yaşanan çöküşten onlar sorumlu tutuldular... Toplantılar, konferanslar ve basın yoluyla onların hızla uzaklaştırılmaları ya da gözaltına alınmaları yönünde baskıda bulunuluyor" diyordu.

Alman hükümeti Doğu Avrupalı Yahudiler aleyhine önlemler almaya niyetlenince Einstein buna karşı çıktı ve Berliner Tageblatt gazetesine yazdığı bir yazıda "bu tür önlemlerin insanlık dışı ve mantıksız olduğunu" belirtti.

'Yahudi kimliğim'

Einstein, Avrupalı Yahudileri hedef alan anti-semitizm arasındaki farklılığın en başından ayırdındaydı. Stalin'in Doğu Avrupalı Yahudilere kucak açma politikası Sovyetler Birliği'ne daha güçlü bir destek vermesine neden oldu.

Birinci ve İkinci Dünya Savaşları arasındaki dönemde de Einstein ırkçı Almanya'nın Doğu Alman Yahudi sığınmacılara nasıl davrandıklarına tanık oldu. Yaşanan onca vahşet onda söz konusu dönemde baskı altında yaşayan halkın bir parçası olduğu duygusunu körüklemiş olsa gerek. Einstein, bu duruma kayıtsız kalmadı ve meslek yaşamını siyasal görüşünden ayrı tutmayı reddetti. 1921 yazında, Yahudi ve Yahudi olmayan birkaç meslektaşı ile birlikte üniversitede özellikle Doğu Avrupalı Yahudiler yararına dersler verdi ve "yaşadığı bu tür deneyimlerin Yahudi ulusçu duygularını uyanışa geçirdiğini" belirtti.

Onun "Filistin topraklarında özgür bir Yahudi toplumu" yönündeki düşüncesi militarist bir bağımsız ülke istediği anlamını içermiyordu. Irkçı Avrupalı güçlerin Doğu Avrupalı Yahudilere sefil sığınmacılar gibi davranmalarına da karşıydı. Einstein, Yahudilerin yaşadığı çeşitli Avrupa kentlerinde kendilerine insanca davranılsaydı, Yahudi Diyasporası'nın asla farklı bir ülke kurmak gibi bir hedef gütmeyeceğine de çok önceden dikkat çekmişti.

'Stalin tek destekçi'

Gelgelelim, bu arada Siyonistlerden hep sakındı. Bunlardan biri bir aralar Yahudilerin Stalin Rusyası tarafından sömürgeleştirildikleri yönünde yalan beyanlarda bulunarak Einstein'ı Bolşeviklere karşı kışkırtmaya çalışan Isaac Don Levine idi. 9 Nisan 1926'da Einstein, Levine tarafından öne sürülen bu iddiaların safsata olduğunu vurgulayarak, Rusya'ya destek verdiğini ve "Rusya'da Yahudileri sömürgeleştirme çabalarının Filistin'in bir anda barındırmayı kaldıramayacağı binlerce Yahudiye yardım etme amacını taşıdığını ve bu yüzden de bu girişime karşı çıkılmaması gerektiğini" belirtti. Einstein, Stalin'in Yahudi davasına destek veren tek uluslararası lider olduğunu ve Sovyetler Birliği'nin de Yahudi halkına özerk bir alan oluşturan tek ülke olduğunu açıkça dile getirmekteydi.

Einstein, Britanya'nın sözüne güvenerek, Filistin'de böyle bir oluşumun gerçekleşmesini hep düşlemişti. Ne var ki, aşırı sağcı Siyonistler komünistlere karşı hoşgörüsüzdüler ve Sovyetler'in girişimlerine destek vermeye yanaşmıyorlardı.

Einstein 1926 Mart'ında Blumenfeld'e yazdığı bir mektupta, "Siyonizmin eğitim alanındaki başarılarını takdir ediyorum. Ancak bir kurum olarak Siyonizmi vicdanım rahat bir biçimde destekleyecek denli tanımıyorum" diyordu. Einstein, vicdanı rahat olmasa bile, oluşum aşamasında olan ve erdem ile anlıkçılığın hedeflendiği "Yahudi merkezi" ile ilgili olarak iyimser bir yaklaşım sergilemeyi yine de sürdürüyordu. "Arap sorununun Filistin projesinin geliştirilmesini tehlikeye atabileceği izlenimine" asla kapılmayan Einstein, "Yahudilerle Araplar arasında, özellikle de emekçi sınıflar söz konusu olduğunda, kusursuz bir uyum sağlanacağına inanıyorum," diyordu. (1927)

İngiltere'ye önerisi

Bir yıl sonra, 1928'de, Britanya alelacele bir kararla Filistin için Arap, Yahudi ve birkaç Britanyalı vekile eşit yetkilerin tanındığı bir parlamento önerdi -bu adım her iki taraftan yüzlerce kişinin yaşamına mal olan ilk büyük "ayaklanmalarla" sonuçlandı. 1930'da Yahudi göçleriyle birlikte, Britanya sayım raporunda Arap topraklarında yaşayan nüfusun yaklaşık %17'sini Yahudilerin oluşturduğu belirtilmekteydi.

Araplar arasındaki kitlesel çalkantılara Britanya tarafından ilk kez 1936'da sömürgecilerin Filistin'e Hindistan'ın tümünden daha çok sayıda insan yerleştirmeleri üzerine "çözüm getirildi." 1937'de manda altına alma önerisinin sözde Araplarla Yahudiler arasında ortak bir zemin oluşturulamadığı gerekçesiyle başarısız olduğu belirtildi ve Britanyalılar kolayca Filistin'i "bölüştürme" yoluna gittiler. Ancak bu bölüştürme daha çok Arapları (ve Einstein'ı) hüsrana uğrattı.

Önerilen "Bölüştürme" yaşama geçirilmeden önce Siyonist Weizmann tüm Arapların Ürdün'e sürülmesini istedi. Einstein'ın bu görüşe karşı çıkması sonradan da ikisi arasında çekişmelere neden oldu. Einstein Weizmann'a yazdığı mektupta şöyle diyordu: "Araplarla dürüst bir işbirliğine gidilmediği sürece barış ve güvenlikten söz edilemez. Bu yalnızca günümüz için değil, uzun erimli bir siyasal çözüm açısından da son derece önemli."

Einstein'ın istediği Arap topraklarında kurulu herhangi bir siyasal güç değildi. Siyonist propagandanın oyununa gelmeyi reddeden Einstein, Filistin'deki Arap halkının güvenliğinden giderek daha da çok kaygı duymaya başladı.

Einstein 'faşistler' diyor'!

Yahudilerin Arap topraklarına göçü yasal açıdan kaçınılmaz duruma gelse de, Einstein bunun bir sınırı olması gerektiğini öne sürüyordu. Önerdiği "sınırlara" başta komünizm karşıtları olmak üzere çok sayıda Siyonist karşı çıktı. Einstein'a göre bu kişiler "Faşistlerden ödünç aldıkları iğrenç yöntemleri hiçbir şeye sahip olmayan insanlar aleyhine kullanan" faşistlerdi.

Bu duyguları, Gazze'deki çatışmaların İsrail devletini savunmak adına Arapları baskı altında tutmayı sürdürdüğü günümüzde daha da açık bir anlam ifade ediyor. Einstein daha o zamanlar Yahudileri ulusalcığın tuzağına düşmemeleri yönünde uyarıyor, "Yahudilik doğası gereği sınırları, ordusu ve geçici yetkisi olan bir Yahudi devlet görüşüne ters düşmektedir... Siyasal anlamda bir ulusa dönüşmek topluluğumuzun tinselliğinden uzaklaşması anlamına gelir" diyordu.

Ancak geleceğin temellerini atan, Einstein'ın tasarısı değil, Britanya sömürgeciliği oldu.

İkinci Dünya Savaşı'nın yaşandığı 1939-1945 yılları arasında Britanya sınırlı sayıda Yahudi'nin (75 bin) Filistin'e yerleşmesine izin verdi. Bu arada Nazi kıyımı da Araplarla ve Sovyetler Birliği'ni destekleyen Filistin Komünist Parti'si ile Yahudiler arasında bir tür birliğin sağlanmasına olanak tanımıştı. Bu durum karşısında sağ kanat Siyonistlerin sayısı da hızla artmaya başladı. 1945 yılında 100.000 Yahudi Siyonist militanın derhal İsrail'e giriş izni verilmesi isteği üzerine Einstein sert bir tavırla,

"Bu insanlara musibet gözüyle bakıyorum. Yanlış yola sapmış bu canilerle ilgili hiçbir şeyi ne bilmek ne de görmek istiyorum," diye yanıt veriyordu.

'Barış sağlanamadı'

İsrail karşıtı: "Savaş kazanıldı, ama barış sağlanamadı." (Einstein, 1945): Hitler'in ve Nazizm'in çöküşünden mutlu olsa da, Einstein bir Yahudi devleti görüşüne karşı çıkmayı sürdürüyor "bu bizler için yalnızca istenmeyen sonuçlar doğurur," diyordu. Kendisi de bir "kültürel Siyonist" olan Amerikalı köktenci gazeteci I. F. Stone da, "Günümüzün en büyük Yahudisinin bir Yahudi devletini Araplara karşı bir haksızlık olarak değerlendirmesi son derece soylu bir davranıştır," diyerek Einstein'a destek veriyordu.

Einstein Araplarla Yahudiler arasında yaşanan çalkantıların kaynağı olarak Britanya'yı suçluyor, "Yahudilerle Araplar arasındaki güçlükler yapaydır ve bu yapay güçlükleri yaratan da İngilizlerdir," diye kükrüyordu. Einstein Filistin'i tek bir hükümetin yönetebileceğine, ancak Britanya'nın araya girmemesi gerektiğine inanıyordu. Yerli halkı sömürürken toprak sahiplerinin elinden tutan Britanya'nın sömürgeci yönetimini topa tutan Einstein, önerilen bölüştürmelerin Batılılara sağlayacağı çıkarları da sert bir biçimde eleştirmekteydi. Weizmann 1952 yılında ölünce, boşalan İsrail Başkanlık koltuğu için uygun biri arandı. Ben Gurion utanmadan bu konum için Einstein'a başvurdu. Einstein yalnızca öneriyi geri çevirmekle kalmayıp bunun, "vicdanını rahatsız edecek güç bir durum yaratacağını" da sözlerine ekledi. Gurion'un Einstein'a yaptığı öneri tarihte çok iyi bilinse de, verilen yanıttan hemen hemen hiç söz edilmez. Çünkü, o güne dek ünlü bir Yahudi olarak tanınan Einstein'ın bu yanıt yüzünden günümüzdeki siyasal tanımıyla en büyük bir Yahudi-karşıtı olarak yaftalanacağından korkulur.

Tarihi çarpıtma

Benzer biçimde, Einstein'ın öldüğü günün ertesinde, 19 Nisan 1955 tarihli New York Times gazetesinde yayımlanan haberde, "Kuruluşuna Einstein'ın destek verdiği İsrail devleti..." denirken de tarih bile bile çarpıtılmıştı. Einstein'ın yaşamını kaleme alan Fred Jerome'nin de belirttiği gibi, Einstein yaşarken medyada hiç böyle bir yoruma yer verilmemişti.

Gelgelelim, onu "kirli geçmişinden" arındırma yönündeki komplolar çok daha öncesinden FBI tarafından başlatılmıştı. Neyse ki, Jerome'nin araştırmaları sonucunda (Einstein Dosyası) bu tür girişimlere önayak olanlar gün yüzüne çıkartıldı. Einstein'ın Paul Robeson ile olan köklü dostluğu ve W.E.B. DuBois'ya verdiği koşulsuz destek de yıllarca kasıtlı olarak hasıraltı edilse de, bu kişiler onun destansı yaşam yolculuğunda en çok esinlendiği kişiler oldu.

Einstein ile ilgili olarak, Britanya sömürgeciliğinin en güçlü eleştirmeni, Amerikan emperyalizminin en aykırı sesi, Stalin Rusya'sının ateşli destekçisi, siyahi komünistlerin sarsılmaz savunucusu ve İsrail devletinin temelini oluşturan aşırı sağ

Siyonizmin bilgili eleştirmeni olduğu gibi birtakım gerçekler hep özenli bir biçimde gizli tutulmaya çalışıldı.

Çünkü Einstein'ın gerçek kişiliği günümüz dünyasına esin kaynaklığı etseydi, bu durum yalnızca emperyalist güçlerde huzursuzluk yaratmakla kalmayacak, daha da önemlisi- tıpkı Einstein'ın, pazarlanabilir bir öke olarak değil de, ilerlemeci bir dünya için vicdanın toplu sesi olarak bir zamanlar yaptığı gibi- tüm dünyada baskı altındaki insanların uyanıp haksızlığa karşı çıkmalarına neden olurdu.

EİNSTEİN'DAN OĞLUNA MEKTUP: MARANGOZLUK VE PİYANO ÇALMAK SENİN YAŞINDA BİRİSİ İÇİN İYİ UĞRAŞLAR...

1915 yılında, 36 yaşında olan Einstein savaş mağlubu Berlin'de yaşarken, ayrı yaşadığı karısı, oğulları Hans Albert Einstein ve Eduard "Tete" Einstein'la görece daha güvenli olan Viyana'da yaşıyordu. Aynı yıl 4 Kasım'da, tüm dünyada ün kazanmasını ve tarihe adını yazdırmasını sağlayan, genel görelilik kuramını üzerine iki sayfalık baş eserini tamamladıktan sonra, 11 yaşındaki oğlu Hans Albert'e aşağıdaki mektubu göndermişti.

Sevgili Albert,

Dün değerli mektubunu aldım ve çok sevindim. Bana artık hiç yazmayacağından korkuyordum. Zürih'e geldiğimde bana, benimle Zürih'te görüşmenin sana tuhaf geldiğinden söz etmiştin. Bu yüzden, kimsenin keyfimizi kaçırmayacağı başka bir yerde buluşsak daha iyi olacak galiba. Her durumda, yılda bir ayı birlikte geçirmemiz konusunda ısrar edeceğim, böylece sana bayılan ve seni çok seven bir baban olduğunu görürsün. Ayrıca benden pek çok iyi ve güzel şey öğrenebilirsin, bunu da herkes kolay kolay sunamaz sana. Onca zorlu çalışmanın sonunda başardığım şeyler sadece yabancıların değil, kendi öz oğullarımın da işine yaramalı. Bu günlerde hayatımın en güzel çalışmalarından birini tamamladım, büyüdüğünüzde size de anlatacağım.

Piyano çalmayı sevmene memnun oldum. Bence marangozluk ve

piyano çalmak senin yaşında birisi için en iyi uğraşlar, okuldan bile iyiler. Çünkü bunlar tam senin gibi genç insanlara göre. Piyanoda esas olarak, hoşuna giden şeyleri çal, öğretmenin sana onları çalman için ödev vermese bile. En iyi böyle öğrenilir, hoşlandığın bir şeyi yaparken zamanın nasıl geçtiğini anlamazsın bile. Ben bazen kendimi çalışmaya öyle kaptırıyorum ki öğle yemeğini unutuyorum.

Tete'yle birlikte ikinizi de öpüyorum,

Babanız

Albert Einstein

ALBERT EİNSTEİN: İNSAN YAŞAMIN ANLAMINI ANCAK KENDİSİNİ TOPLUMA ADAYARAK BULABİLİR

“Tekrar genç bir adam olabilseydim, bir bilim adamı ya da akademisyen ya da öğretmen olmaya çalışmazdım. Mevcut durumlar dahilinde bana daha fazla bağımsızlık vermesi ümidiyle tesisatçı ya da seyyar satıcı olmayı seçerdim.”

Günümüzde dünyanın en büyük fizikçisi Einstein hakkında yazılan makalelerin hemen hemen hepsinin atladığı bir nokta var. Einstein’ın siyasal fikirleri. Büyük dahinin sadece bilimin sırları ile meşgul olduğunu sananlar yanılıyor. Bugün Einstein’ın popülaritesinden yararlanmak isteyen siyasal sistem, bir zamanlar hakkında 1800 sayfalık raporlar yazmış, o dönem ABD’de yürütülen ‘kızıl av’ın önemli bir hedefi haline getirilmiştir. FBI yıllarca Einstein’ı gözetim altında tutmuştur. Almanya’da Nazilerin hedefi olan Einstein ABD’de ise ırkçılar ve FBI’ın ve Soğuk Savaş yürütücülerinin boy hedefi olmuştu.

Einstein’ın tüm hayatı, ırkçılığa karsı mücadele etmekle, dünya çapında barış savunuculugu yapmak ve sosyalistlere destek olmakla geçti. Albert Einstein, kendi sözleriyle “hep devrimci olarak kaldı”.

Einstein, Alman bilim adamı Otto Hahn ve meslektaslarının kendi kuramına dayanarak, uranyumun atomlarını ayrıstırmayı basardıgını ögrenince, nükleer silahlanmaya dogru atılan bu adımı 1939’da ABD baskanı Franklin Roosevelt’e bir mektup yazarak, Naziler’in nükleer silahları gelistirebileceği uyarısında bulundu. Bu uyarı ABD’nin ilk atom bombasının yapılması için çalısmalarının başlatılmasına neden oldu. E=mc2 2 denkleminin fikir babası olmasına rağmen, hiçbir zaman ABD'nin Manhattan Projesi adı altın yürüttügü atom bombası üretme projesi içerisinde yer almadı. Nükleer silahlanma çalısmaları hep eleştirdi.

BİREYSEL VE TOPLUMSAL SORUMLULUK

ALBERT EİNSTEİN

Vicdan ve yasalar arasındaki o eski çatışma ile gene karşı karşıyayız. Nuremberg duruşmaları sırasında, değişik hükümetler, ahlakdışı eylemlerin hükümet buyruğu ile işlenmiş suçlar olduğu gerekçesi ile bağışlanamayacağı kanısındaydılar. Ahlakdışı bir eylemin ne olduğunu kişinin bireysel yargısı ve vicdanı belirler. Ahlâk yasalarının her türlü yasadan önce geldiği düşüncesi ise insanların doğruluk ve yanlışlık anlayışına da uymaktadır.

Bilinçli olarak savaşmamayı seçen kişi devrimci bir kişidir. Yasalara karşı gelmeğe karar vermekle toplumun ilerlemesi uğrunda çalışmak gibi en önemli bir ülküyü kişisel çıkarlarından üstün tutmuş oluyor demektir. Çok güç durumlarda toplumsal ilerlemeyi sürdürmenin tek yolu budur. Kuvvetler dengesi yürürlükteki yasaların ve siyasal kurumların işlemesini engelliyorsa, bu tutum daha çok önem kazanır. Amerikan Anayasasını hazırlayanlar bu düşünceyle halkın ayaklanma hakkını tanımışlardır.

Gandhi'nin Hindistan'ın özgürlüğünü kazanması için uyguladığı yöntem zor kullanmayan bir devrim yöntemiydi. Uluslarüstü bir örgüte dayanarak yeryüzünde barışı gerçekleştirmek ancak Gandhi'nin yönetiminin geniş ölçüde uygulanması ile sağlanabilir.

SAVAŞ ÜZERİNE ALBERT EİNSTEİN VE SİGMUND FREUD MEKTUPLAŞMASI

.1932 yılında Albert Einstein* diğer aydın ve bilimadamlarının da desteğiyle savaşa karşı uluslararası bir hareket başlatmı ve bu amaçla ilk olarak Sigmund Freud`a bir mektup göndererek onun fikrini almıştı. Genel olarak toparlarsak, Albert Einstein insanlığı savaş tehdidinden uzaklastıracak bir yol olup olmadığı, yönetici sınıfların nasıl olupta kitleleri canlarını yitirme pahasına ölüme sürükleyebildiği ve bu yıkıcı etkileri denetlemenin nasıl mümkün olabileceğini öğrenme amaçlı gönderdiği mektup ve Freud 'un yazdığı cevabının kısa özetini aşağıdan okuyabilirsiniz

Çok sevgili Bay Freud,

Gerçeği bulma özlemi sizde başka bütün özlemleri nasıl bastırıyor, şaşılacak şey. Savaş ve yoketme güdülerinin insan ruhunda sevgi ve yaşama gücü ile nasıl içice girmiş olduğunu su götürmez bir açıklıkla ortaya koyuyorsunuz. Ama, inandırıcı açıklamalarınızdan bir de şu büyük amaca ulaşma özlemi çıkıyor ortaya: İnsanın iç ve dış bütün savaşlardan kurtulması. Bu büyük özlemde, çağlarının ve uluslarının üstüne çıkan, düşünce ve ahlâk alanında birer yol gösterici olarak saygı gören bütün büyük insanlar birleşir. İsa'dan Goethe'den Kant'a kadar hepsinde bu kurtuluş özlemi vardır. Her ne kadar insanlar arasındaki ilişkileri düzenleme istekleri pek gerçekleşmiş değilse de, yalnız bu türlü insanların bütün dünyaca birer önder sayılmış olmaları anlamlı bir gerçek değil mi?

Şuna inanıyorum ki, çalışmalarıyla yol göstericilik yapan üstün insanlar – dar bir alanda da olsa – aynı ülküyü büyük

ölçüde paylaşmaktadırlar. Ne var ki, politik gelişim üzerinde pek etkileri olmuyor. Ulusların kaderini çizen bu alan hemen hemen kaçınılmazcasına dizginsiz ve sorumsuz politika adamlarına bırakılmış görünüyor.

Politik önderler ve yönetimler yerlerini ya zorbalığa, ya da yığınların oyuna borçludurlar. Ulusların düşünce ve ahlâkça yüksek bölüklerinin temsilcisi sayılamazlar. Ama, seçkin aydınlar, bugün halkların tarihi üzerinde doğrudan doğruya hiç bir etkide bulunamıyor; oraya buraya dağılmış bulunmaları günün sorunlarının çözümlenmesine doğrudan doğruya katılmalarına engel oluyor. Yaptıkları ve yarattıklarıyla yetilerini ve iyi niyetlerini göstermiş olanların kendiliklerinden bir araya gelmesi, dünyaya bir değişiklik getiremez mi dersiniz? Üyeleri birbirleriyle sürekli düşünce alışverişi içinde bulunacak olan bu uluslararası birleşme, tutumlarını basında ortaya koyarak, imzalarının sorumluluğunu yüklenerek, politik sorunların çözümü üzerinde önemli ve uyarıcı bir etki sağlayabilir.

Bilim akademilerinde de raslanan insan yaradılışının eksikliklerinden doğan sakıncalar burada da görülecektir şüphesiz. Ama, yine de öyle bir çabaya girişmek yerinde olmaz mı? Doğrusu ben, böyle bir işe girişmeyi büyük bir ödev sayıyorum. Böyle bir yüksek aydın topluluğu kurulunca, sistemli olarak dinsel kurumları da savaşa karşı harekete geçirmeye çalışmalıdır. İyi niyetleri bugün acı bir boyun eğme ile felce uğrayan bir kişiye içten destek olurdu. Düşünce ürünleriyle yüksek bir saygınlığa ulaşmış olan kişilerin kurduğu böylesi bir topluluk, Milletler Cemiyetinin güçleri için değerli bir dayanak olacaktır.

Bu düşüncelerimi, dünyada herkesten çok size sunuyorum,

çünkü, siz isteklere herkesten daha az kapılırsınız ve sizin yargınız ciddiliği en ağır basan bir sorumluluk duygusuna dayanmaktadır.

Freud ise bu sorulara insanlığın sorunların çözumu için ilke olarak şiddete başvurduğunu, bunu Çözmek için merkezi bir denetimin kurulması gerektiğini milletler cemiyetinin gücü olmadığı için bunu uygulayamayacağını belirtmistir. Yaptığı gözlemler sonucu yıkıcı ve saldırgan eğilimlerin engellenemeyeceğini, insanlığın önderler ve önderligi takip edenler olarak ikiye ayrıldığını bu yüzden aydınlar aristokrasisi denilebilecek bir yuksek kurulun varlığı için caba gösterilmesi gerektigini savunur. uygarlik evrimlestikce diğer insanlarin da savaşa karşı olabilecegi ihtimalini öne sürer.

Kuantum fiziğinin babası $e=m \times c^2$ formulünü bulan dahi fizikci Atom bombasına dolaylı da olsa katkısından çok büyük pişmanlık duydu. "Üçüncü dünya savaşı neyle savaşılacak bilmiyorum, ama dördüncüsü taş ve sopalarla olacak" diyen Albert Einstein, Komünizme ilgi duyması nedeniyle ABD tarafından ajanlıkla suçlandı. Amerikalı tarihçi Richard Schwartz'ın 1983 yılında açıkladığı belgeler, öldüğü yıl olan 1955'te FBI'ın hakkında yürüttüğü araştırma dosyalarının 1.500 sayfayı bulduğunu, bu dosyaların çoğunda, komünistlerle bağlantılar kurmak ve Almanya'daki evini haberleşme merkezi olarak kullanımasına yer verildiği belirtiliyor.

BİR BİLİM ADAMI OLARAK ALBERT EİNSTEİN

NEJAT BOZKURT

Albert Einstein, çağdaşları Max Planck, Niels Bohr ile Werner Heisenberg gibi yalnızca bir bilim dahisi değil, ama aynı zamanda Aristoteles, Galilei, Newton ve Kant'ın temsil ettikleri çok yönlü ve çok boyutlu kültür dünyasının bir üyesiydi. Planck, Bohr, Heisenberg ve diğerlerinin geliştirmiş oldukları kuantum kuramı, fiziğin ilerlemesinde Einstein'ın görelilik kuramıkadar önemli sayılabilir. Ne var ki görelilik kuramı, önce özel sonra da genel olmak üzere, bilimde ve öteki alanlarda örneğine çok az rastlanan kişisel yaratıcılık ile bireysel deha patlamasını temsil eder. 20. yy biliminin en büyük iki başarısı sayılan ve temel fizik biliminin büyük bir kısmını oluşturan görelilik ile kuantum kuramları henüz birbiriyle bütünleştirilememiş durumda. Görelilik kuramı, genişleyen evren ile kara delikler gibi büyük ölçekli bir dünyayı açıklarken, kuantum mekaniği, atomlar ile atomaltı parçacıkları gibi küçük ölçekli bir dünyayı tanımlamaya çalışır. Einstein, kuantum kuramında ortaya çıkan"Belirlenemezlik" ile "Olasılık" faktörlerinin fiziğin kapsamı içine alınmasından rahatsız olmakla birlikte, kuantum kuramına yönelttiği eleştirilerle, kuramın temellerinin sağlamlaştırılmasına ve eksiklerinin giderilmesine neden olmuştur. Ancak kuantum kuramı yine de klasik mantığın çelişmezlik ya da özdeşlik ilkesiyle bağdaşmaz, yani çelişir ($A \neq \tilde{A}$). Çağdaş fiziğin iki önemli kazanımı olan bu görelilik ile kuantum kuramları, zaman içinde eğer tek bir "Birleşik Alan Kuramı"nda birleştirilebilirlerse, bu birleşik kuram bilinen tüm fiziği özetlemiş olacaktır. Einstein şayet bu hedefe varılırsa o zaman insanların "Tanrı'nın aklından geçenleri okuyabileceklerine" inanıyor.

Henüz on iki yaşındayken bir geometri kitabı dolusu problemi büyük bir hızla ve tek başına yardım almadan çözebilmesi; on üç yaşında Immanuel Kant'ın "Salt Aklın Eleştirisi" (Kritik der reinen Vernuft) adlı temel yapıtını okuması ve on yedi yaşındayken de kendi çabasıyla öğrendiği yüksek matematik ile teorik fiziğin temellerini kavraması onun yüksek zekâsını ve anlama gücünü açıkça ortaya koymakta. Einstein'ı bilimsel gelişmesi içinde anlamaya çalışırsak onun sınırlı bir alanda uzmanlaşma ve erken tanıma ile saptama yerine, geniş bakış açısına felsefi bir derinlik kazandıran bir görüş ve kavrayış örneği sergilediğine tanık oluruz. Onu bir düşünür olarak eşsiz kılan ve kısmen de başarıya götüren şeyler arasında çalışmasının zaman zaman maceracı bir zihin araştırmasına da dönüşmesiydi. Spekülatif ve hipotetik düşüncelere dalmaktan çekinmiyor ve bunlardan nasıl bir sonuç çıkarılabileceğini de ısrarla takip ediyordu. Nitekim fizikçiler çoğu kuramı oluşturmak için öncelikle her şeyi kapsayan genel bir düşünsel ya da kavramsal dizge yaratırlar, ardından da bunu matematiksel denklemlerle ifade ederler. Öngörü yeteneğine sahip bir kuramı geliştirmenin ilk aşamasında bilim adamının sezgilerini ve hislerini kullanması gerekir. Ayrıca meraklarımız ve sorularımız ne kadar daha çok olursa, dünya bizim için o kadar anlaşılır ve yaşanılır kılınabilir. Fizikçi Richard Feynman, karmaşık fiziksel süreçlerle uğraşırken sorunu açık bir şekilde ifade edebildiğinizde doğanın size istediğiniz cevabı vereceğini öne sürer; ona göre, "İyi bir bilim adamı olmanın sırrı, hangi soruyu sormak gerektiğini bilmede yatar. Bir sorunu araştırırken bir kez doğru yola girdiniz mi çözüm kendiliğinden ortaya çıkar. Burada doğru yola girme, uygun soruyu sorma anlamındadır."

Einstein'ın bilimsel çalışmaları, ısıl (termik) olayların atom düzeyindeki özellikleri, kuvantum fiziği, özel ve genel görelilik kuramları olmak üzere dört ana grupta toplanabilir. Gözlenebilir ve algılanabilir evrenin temel bileşenleri arasındaki nedensel etkileşmelere ve maddenin yapısına ilişkin temel sorunlarla ilgilenen bir bilim olarak fizik, doğanın mikro ve makro düzeydeki tüm görünümlerini inceleme konusu olarak seçmiştir. Kesinlikle denetlenen ve test edilen koşullar altında, olguların duyarlınicel ifadelerle gözlenmesi demek olan deney ile birleştirilmiş kavramsal bir taslağın matematiksel terimlerle kurulması demek olan kuram, fiziğin gelişmesinde temel ve tamamlayıcı bir rol oynarlar. Bütün fiziksel araştırmalar önünde sonunda uzay ve zamandaki maddeyi içeren olguların incelenmesine indirgenebilir. Fiziğin en son amacı doğanın temel bileşenlerinin özelliklerini ve bunların karşılıklı nedensel etkileşimlerini tek bir plan içinde toplayarak bu plandan makroskopik olaylar ile parçacık yığışımlarının tüm özelliklerini çıkarsayabilmektir. Einstein de bu konuda şöyle der: "Bilim, her türlü düzenden yoksun kaotik duyusal deneylerimizin ve algılarımızın türlü çeşitliliği ile mantıksal olarak düzenli ve bir örnek düşünce arasında uygunluk sağlama girişimidir."

Işığın ve enerjinin özellikleri ile esirin varlığına ilişkin olarak 19. yy sonunda gerçekleştirilen araştırmalar, 20. yy'ın devrimci kuramlarına temel oluşturdu. 20. yy'da fiziğin yapısını temelinden sarsan ve çağdaş fiziğin kuramsal temellerini oluşturan iki kuram, Max Planck'ın 1900'de öne sürdüğü kuvantum kuramı ile Albert Einstein'ın 1905'de yayımladığı görelilik kuramıdır. Atomun, çekirdeğin ve temel parçacıkların bulunması, plazma fiziği ile elektroniğin hızla gelişmesi gibi deneysel ve uygulamalı atılımlar işte bu çağda gerçekleşti; yine kuramsal ve deneysel bilgilerin olağanüstü artması da bu yüzyılda oldu. Fiziğin çeşitli dallarının konuları, deneysel yöntemleri ve kuramsal teknikleri ne denli farklı olsa da kuvantum kuramı ile görelilik kuramının uyarlamalarına birçok araştırma alanında rastlanmaktadır. Kuvantum mekaniği, elektromanyetik ışınımın sürekli dalgalardan değil, enerji ve momentumları, frekansları ile orantılı olan parçacığa benzer fotonlardan oluştuğunu öne sürer. Klasik mekanik, bir olası değerler aralığında sürekli değişebilen fiziksel niceliklerle belirlenirken, kuvantum kuramının belirleyici özelliği kesikli ya da ayrık değerler taşıması ve içkin olarak "Belirsizlik" (Indeterminizm) ilkesine yer vermesidir. Atomun yapısı, ancak kuvantum mekaniği temelinde kavranabilir. Daha ince ayrıntılar ise görelilikçi kuvantum mekaniğini gerektirir. A. Einstein'ın ortaya koyduğu görelilik kuramı iki temel postüla üzerine kurulmuştur: 1) Bir ışık kaynağına göre devinim durumları ne olursa olsun tüm gözlemciler, ışık hızı için aynı değeri ölçerler. 2) Tüm eylemsiz koordinat sistemlerinde fizik yasaları aynıdır. Birinci postüladaki ışık hızının değişmezliği, deneysel olarak kanıtlanmıştır. İkinci postüla ise klasik mekanik içinde geçerlidir.

Bu kuşbakışı irdelemeden sonra şimdi A. Einstein'ın başlıca fizik kuramlarının gelişimine ana hatlarıyla bir göz atacak olursak şöyle bir serimleme yapabiliriz:

I - Görelilik Kuramı:

a) Özel Görelilik Kuramı: Özel Görelilik Kuramı üzerine ilk çalışmayı Einstein 1905 yılında henüz Bern'de İsviçre Patent Bürosu'nda memurken kaleme almış ve bu yazı kuramın son biçimini daha o dönemde oluşturmuştur. Kısa bir süre sonra yazdığı ikinci bir yazıda ise Einstein kuramdan en önemli sonucu çıkarmıştır. Bu sonuç, ışık hızının her ortamda ve koşulda değişmezliği ile madde ile enerjinin denkliği olarak bilinen ünlü E = mc2 eşdeğerliğidir.

b) Genel Görelilik Kuramı: Göreliliğin Genel Kuramı'nın tarihi daha uzun bir zamana yayılır. 1907'den önce ortaya çıkan Özel Görelilik Kuramı'nı dikkatlice gözden geçirdikten sonra Einstein, kuramın genelleştirilmesinin zorunlu olduğunu farketti ve genelleştirmenin eylemsizlik ile kütleçekiminin eşdeğerliği üzerinde temellendirilmesi gerektiği konusundaki temel düşüncesini ortaya koydu. 1911'de yazdığı başka bir çalışmada, kütleçekiminin ışık üzerindeki etkisiyle ilgili genel kuramdan çıkarılan bazı sonuçları tartışır: (1) İzgesel (spektral) çizgilerin sıklığı (frekansı) üzerinde kütleçekim alanının etkisi (kütleçekimsel kırmızıya kayma); (2) Güneşin kütleçekim alanı tarafından ışık ışınlarının eğilip bükülmesi (Bazı ayrıntılar daha sonra değiştirilicektir.)

Çok yoğun ve daha ileri çalışmalardan sonra - kuramın

özellikle matematik temeli üzerinde - genel göreliliğin kesin biçimine 1916'da ulaşıldı ve bu son biçim aynı yıl yayımlandı. (Bu dönemde Merkür perihelyonunun - bir gezegen ya da uydunun Güneş'in çevresindeki yörüngesi üzerinde Güneş'e en yakın olduğu nokta - devinimi adıyla bilinen genel göreliliğin üçüncü "astronomik etkisi"ni Einstein daha önceden çıkarımlamıştı bile.)

c) Genel Kuram Üzerinde Daha İleri Ve Üst Düzeydeki Çalışma: Genel göreliliğin problemleri Einstein'ı o günlerde çok meşgul etti. Bunları özel önemleri nedeniyle üç noktada toplayabiliriz: (1) Kozmoloji, (2) Devinim Problemi, (3) Birleşik ya da birleştirilmiş alan kuramı.

1. Modern kozmolojinin tümü Einstein'ın 1917'deki çalışmalarına geri gider. Burada ilk kez o, kozmolojinin sorunlarına genel göreliliği uygulamıştır ve böylece kozmolojik spekülasyonu sağlam bir zemin üzerine oturtmuştur (Einstein o dönemde statik, durgun bir evren tablosu düşünüp çizerken daha sonraki gelişmelerle güçlü astronomik kanıtların ışığında "genişleyen evren" anlayışını tercih etmiştir. Giderek artan astronomik verilere uygun olarak bu kabulün tutarlı bir kuramınıbulmak için bu konu kozmolog bilim adamları tarafından hâlâ etkin olarak ele alınmakta ve ikna edici biçimde incelenmektedir.)

2. Genel görelilik başlangıçta kökence iki bağımsız varsayım üzerinde temellendirilmiştir: Bunlar kütleçekimi alanı için alan denklemleri ile maddi parçacıklar için devinim yasasıdırlar.

Einstein 1927'de devinim yasasını, alan denklemlerinden çıkarımlama problemine itiraz ve hücum etmiş, daha sonra ise tekrar bu varsayıma dönmüştür. Kesin ve son çözüm 1949 yılında elde edildi (Leopold Infeld'in işbirliğiyle.) Bu, kurama temel olarak alan denklemlerinin tek başına yeterli olduğunu gösterdi.

3. Başlangıçta genel görelilik kuramı, alan denklemleri çekim alanı için, genel göreliliğin ana ilke ve fikirlerini bulanık ve belirsiz olmayan biçimde izledikleri ölçüde, esas olarak kütleçekimi alanı kuramıydı. Öteki alanlar, şayet onların yapıları da bir kez bilinince, bulanık ve belirsiz anlamda olmayan bir biçimde, genel göreliliğin çerçevesi içinde ortaya çıkabilirdi. Ancak bağlantı ve ilişki bir biçimde "kaybedildi", çünkü genel görelilik herhangi başka bir alanın yapısını ya da varlığınıöngöremezdi (örnekle elektromanyetik alanınkini.). İşte bu yüzden bazı bilim adamları (örn. Weyl, Kaluza, Eddington) bütün alanların birleştirilmiş bir kuramını elde etmek amacıyla teoriyi yaygınlaştırmayı ya da genelleştirmeyi denediler - ya da en azından kütleçekimi ile elektromanyetik alanları -. İlk girişimler çeşitli nedenler yüzünden tatmin edici değildi. Einstein 1923'den itibaren kuramın formunu tekrar tekrar değiştirerek bu problem üzerinde sürekli çalıştı. Teorinin en son yorumlanma biçimine 1945'de ulaşıldı ve kesin biçimini de 1953'de aldı (Göreliliğin Anlamı adlı kitabının 4. Baskısına II. Ek olarak kondu.)

II - Kuantum Kuramı

1900'lerde Max Planck tarafından kuvantum kuramının

ortaya konmasından kısa bir süre sonra Albert Einstein, fizik bilimindeki bu yeni alanın en ön sırada gelen sözcülerinden ve öncülerinden biri oldu. Onun bu konudaki ilk katkısı aynıyılda görelilik üzerine yazdığı kendi ilk yazısının çıktığı Annalen der Physik adlı bilim dergisinin aynı cildinde yayımlandı. Bu yazıda ışık kuvantası ya da fotonlar kavramı devreye sokulmuş ve bu yaklaşım, kuvantum kuramına ve özellikle de Niehls Bohr'un atom kuramına ilişkin ileri düzeydeki çalışmalara temel olmuştur. 1917 yılında Einstein, fotonların sahip olduklarıözelliklerin analizine nüfuz etmeye çalıştı ve buna ek olarak da "geçiş olasılıkları" kavramı üzerinde temellendirilen ışınımın Planck yasasının yeni bir türetimini veren bu konudaki daha sonraki en anlamlı yazılarını ortaya koydu. Bu kavram o zamandan beri temel olarak kaldı.

A. Einstein'ın bu konudaki öteki katkıları arasında kuvantum kuramının spesifik ısılar kuramına ilk uygulanışı (1907) ile gazların kuvantum kuramı üzerine yazdığı önemli yazıları (1924-1925) özellikle anabiliriz. Bu yazılar, bugün Bose-Einstein istatistiği olarak bilinen, yeni tip bir istatistiğin bütün genelliğiyle kullanımına neden olmuş ve ayrıca da Schrödinger'in dalga mekaniği üzerindeki çalışmalarına yardımcı olmak suretiyle onun elektron dalgalarına ilişkin geniş çaptaki düşüncelerini sergilemesine fırsat vermiştir. Ancak daha sonraları Max Planck'ın kendi adıyla anılan ve sabit sayı olarak ifade ettiği bulgusunu Louis de Broglie, "Determinizm duvarında Planck sabitesi kadar bir çatlak meydana geldi" biçiminde yorumlamıştır. Çünkü bu buluş doğa bilimlerinde "nedensellik" ilkesinden farklı olan bir "olasılık" ilkesini gündeme getirmişve bilimsel çalışmalara yeni bir boyut katmıştır. Çağdaş fizik böylece yeni gelişmelerle gerçekliğin farklı yönlerini açığa çıkarmaya yönelmiştir. Günümüzde Kuvantum Mekaniği alanında epey yol alınmakla birlikte o dönemdeki "Indeterminizm" tartışmaları hiç de yabana atılacak boyutlarda değildi. Bilimsel devrimler ve dönüşümler konusunda Max Planck şöyle der: "Bilimsel yaşam deneyimlerimden öğrendiğim hep gözardı edilmiş, ama kanımca çok önemli bir olay var: Bilimde yeni bir atılımın benimsenmesi, başlangıçta karşı çıkanların sonunda gerçeği görmeleri ya da kanıtları kabul etmeleriyle değil, ama zamanla genç kuşağa yerlerini bırakmalarıyla olanaklıdır.

III - Maddenin Devinimsel (Kinetik) Kuramı

1904 yılları arasında A. Einstein, büyük amerikalı fizikçi J. W. Gibbs'in yöntemine benzer bir biçimde istatistiksel mekaniğin kuramını bağımsız olarak kurduğu bir dizi yazı yayımladı. (İstatistiksel mekanik ya da maddenin kinetik kuramı, mekanik yasalarına göre devinen atomlardan - en son parçacıklardan - meydana gelen madde varsayımından toptan olarak maddenin sahip olduğu ısısal özel halleri türetir.) Bu yazıların en anlamlısı ve önemlisi üçüncüsü olup burada Einstein, Browncu devinimi 1905 yılında kaleme aldı. Orada Einstein kinetik kuram temeli üzerinde, bir sıvı içinde asılı duran çok küçük parçacıkların devinimini öngördü ve dile getirdi (Buna benzer bir devinimi yüz yıl önce ingiliz botanikçi Robert Brown gözlemlemişti.) Buna karşılık bu tür devinimlerin deneysel soruşturulması (özellikle fransız fizikçi Perrin'in Einstein'ın kuramından etkilenerek yaptığı çalışma dolayısıyla) maddenin kinetik kuramının temel varsayımlarının bir doğrulanmasına götürdü.

Doğanın bütün yasalarını tek bir pota içinde eriterek "Her şeyin Kuramı"nı bulmak mümkün olabilecek mi? Isaac Newton'ın 200 yıldır monopol haline gelen ışığın dalga halinde yayılmasına ilişkin fizik kuramına karşı James Clerk Maxwell, elektromanyetizm teorisiyle yeni bir "alanlar" dizgesi yaratmıştı. Einstein, bu iki bölgenin, dalgalar ile alanların bağdaştırılmasından yanaydı. Ancak o sırada Max Planck, "Doğa sıçrama yapmaz" (Natura non facit saltus) diyen çok eski bir doğa yasasını altüst eden devrimci bir yasa buldu. Planck'ın bu formülü aynı zamanda ışıma enerjisini de açıklamaktaydı. Klasik fizikte bir devrim yaptığının bilincinde olmayan Planck, içinde bulunduğu durumu şöyle açıklıyordu: "Fizikteki bu teorik buluşu deneylere aktarma çabalarım bir türlü sonuç vermiyor, bulunduğum yer, benim sağlam bir zemin gösterme fırsatını beklemeden ayağımın altından kayıp gidiyordu." İşte Einstein o dönemdeki fizik bulgu ve işaretlerinde birbiriyle ilişkili ve bağlı olmayan alanlardaki yaygın kuşkuculuğa karşın atomların gerçek varlığını Planck'ın kuantum problemlerini çözerek görebilmişti. Böylece ışığın belli koşullar altında bir paketin ya da birikimin parçacıkları gibi devindiklerini formüle ederek Planck tarafından yıllarca karşı çıkılarak hesaplanan ve çağdaş fizikte görelilik kuramından sonra ikinci büyük kuramsal eser sayılan kuantum teorisini temellendirmiş oldu.

Einstein'ın düşüncelerinde gerçekten eşsiz olan yan, "esir" (ether)'in elektromanyetik dalgaların yayılmasında kuramsal bir yapı oluşturup oluşturmadığı gibi uzmanlık sorularından uzay ve zaman için yeni bir madde anlayışı üretmesiydi. Zaman kavramını yalnız fiziksel olarak değil, ama aynı zamanda felsefi olarak da araştırdı. İnsan zaman kaybettiğinde ya da zamandan yoksun olduğunda gerçekte ne yapmış oluyordu? Ya da iki farklı olayın aynı anda gerçekleşmesi ne anlama geliyordu?"Sonsuz devinim" (Perpetuum mobile) ilkesinde olduğu gibi yalnızca genel mantık ilkesine dayanan bir buluşun insanlara sağlam bilgiler sağlayabileceğini kavrayan Einstein, "görelilik kuramı"nda, iki mutlak öğeyi (uzay ve zamanı) bir yana bırakıp göreceli ve bağıl bir yenisini üreterek bulmuştu. Işık hızını doğa sabitesine çevirerek onu bir anlamda mutlak ve değişmez olarak kabul ettiğinde ve aynı zamanda da uzay ve zaman kavramından mutlaklığı çıkararak "göreliileştirdiğinde"Einstein, Newton'ın evren anlayışını adeta tersine çevirmiş oluyordu.

Genel görelilik ilkelerinin ya da görelilik kuramlarının tanımlamış oldukları, üzerinde yıldızların ve gezegenlerin hüküm sürdükleri, sorun çıkarmayan "sürekli" bir uzay-zaman alanı ile parçacıkların egemenliğindeki, uzlaşmaya yanaşmayan ve ele avuca da sığmayan olağanüstü küçük ölçekli kuantum dünyasını "birleşik bir alan kuramı"nda bir araya getirmekte zorlanan Einstein, bu sorunu görelilik ilkelerinin değil, kuantum mekaniğinin yarattığına inanıyordu ve 1954 yılında şöyle diyordu: "Kuantum belası ile karşılaşmamak için başını görelilik kumuna gömen bir devekuşu gibi görünüyor olmalıyım." Çünkü genel görelilik denklemleri, nedensellik ile çelişmezlik ilkelerinin yok sayıldığı ve bir parçacığın A noktasından B noktasına mekânda doğrusal ya da eğrisel bir yol izlemeksizin ulaştığı böyle bir ortamda, yani kuantun kuramında işe yaramıyor ve adeta sökmüyordu. Einstein'a göre kuantum mekaniği kuramı eğer maddenin içindeki atomu tarif ediyorsa, nedensellikten çok uzaktı. Kuantum dünyasında, determinizmde saptanan mutlak olanaksızlık ile şüpheciliğin bulunmayışı, yani belirlenimciliğin oluşu yerine birdenbire "belirsizlik" fenomeni ortaya çıkıyordu. Gözlenen eskiden ancak gözlem yoluyla tespit edilirken, parçacıklar arasında şimdi ani tesadüflere ya da rastlantılara dayanan adeta telepatik, akıl ve mantığa aykırı bağlantı ile ilişkiler oluşmaktaydı. Einstein bu çılgın kuram karşısında "Gerçi bu teori çok şeyi açıklıyor ve ifade ediyor ama Tanrı'nın bir şeyleri paramparça edip dağıtmadığından da eminim." ve "Tanrı çok zeki ama acımasız değil." demek zorunda kalacaktı. Kuantum kuramının üzerinde kurulduğu belirsizlikle yüklü böyle bir dünyada gelecekteki olaylar ancak belli bir olasılığa dayanıyordu. Einstein, evrenin temelindeki yasaların bir kumar oyunu gibi düzenlenebilmesini ve şansa bağlı kalmasını yaşamı boyunca asla kabul etmedi. Fiziksel gerçekliğin tüm öğelerini açıklayabilecek belirlenimci ve nedenselci "Büyük Birleşik Kuramı" yaratma çabasına bu yüzden girdi ve bu uğraş günümüzde de sürmekte.

FİZİĞİN EVRİMİ: GİZLERLE DOLU ÜNLÜ ÖYKÜ

EİNSTEİN & INFELD

Gizlerle dolu kusursuz bir öykü düşününüz. Böyle bir öykü, önemli bütün ipuçlarını verir ve bizi durumla ilgili kendi öz teorimizi geliştirmeye zorlar. Yapılan hileyi dikkatle izlersek, yazarın kitabın bitimindeki açıklamasını okumadan biraz önce, tam çözüme varırız. Bu çözüm, bu türden bayağı öykülerde varılanların tersine, bizi hayal kırıklığına uğratmaz; tam beklediğimiz anda ortaya çıkar.

Böyle bir kitabın okurunu, birbirini izleyen kuşaklar boyunca doğa kitabındaki gizlerin çözümlerini araştıragelen bilim adamlarına benzetebilir miyiz? Bu benzetme yanlıştır ve ileride ondan vazgeçmek gerekecektir, ama biraz doğru bir yanı da vardır ve o yanı, benzetmemizi bilimin evrenin gizini çözme çabasına daha uygun duruma getirmek için genişletilebilir ve onda değişiklik yapılabilir.

Bu sırlarla dolu kusursuz öykü daha çözülmemiştir. Kesin bir çözümü olduğuna da güvenemeyiz. Doğa kitabının okunması, bize şimdiden çok şey kazandırmıştır; bize doğa dilinin başlangıç ilkelerini öğretmiştir; ipuçlarının birçoğunu anlamamızı sağlamıştır ve bilimin o çoğu zaman güçlüklerle dolu ilerlemesi sırasında, bizim için bir sevinç ve coşku kaynağı olmuştur. Ama okunan ve anlanan bütün ciltlere karşın, tam bir çözümden -böyle bir şey gerçekten varsa- hâlâ uzak olduğumuzu anlıyoruz. Her aşamada, önceden elde edilmiş ipuçlarına uygun bir açıklama bulmaya uğraşıyoruz. Geçici olarak kabul edilen teoriler, olguların birçoğunu açıklamıştır, ama bilinen bütün ipuçlarına uygun genel bir çözüm henüz ortaya konmamıştır. Sık sık, görünüşte eksiksiz olan bir teori, daha sonra öğrenilenlerin ışığı altında yetersiz kalmaktadır. Kitabı ne kadar çok okursak, onun yetkin kuruluşunu o kadar eksiksiz değerlendirmekteyiz; bununla birlikte, tam bir çözüm, biz ilerlerken uzaklaşır görünmektedir.

Conan Doyle'un o çok güzel öykülerinden beri, hemen hemen her polis romanında öyle bir an gelir ki, polis hafiyesi, hiç değilse probleminin belirli bir evresi için kendisine gereken bütün olguları toplar. Bu olgular, çoğu zaman gerçekten garip, birbirinden kopuk ve baştan sona ilişkisiz görünür. Bununla birlikte, ünlü polis hafiyesi, o anda, araştırmayı sürdürmenin artık gereksiz olduğunu, toplanan olguların karşılıklı-ilişkisine (correlation) salt düşünmekle varılacağını anlar. Bunun üzerine keman çalar ya da piposunu tüttüre tüttüre koltuğunda oturur, sonra birdenbire, o karşılıklı-ilişkiyi bulur! Yalnız eldeki ipuçlarının bir yorumuna ulaşmakla da kalmaz, belirli başka olayların geçmiş olması gerektiğini de bilir. Canı isterse, teorisi için ek bilgi toplamak üzere dışarı çıkar; çünkü nerede araştırma yapacağını kesinlikle bilir.

Doğa kitabını okuyan bilim adamı, şu bilinen benzetmeye bir daha başvurmamıza izin verilirse, çözümü kendi başına bulmak zorundadır; çünkü, öbür öykülerin sabırsız okurlarının sık sık yaptıkları gibi, kitabın sonunu açıp okuyamaz. Bizim örneğimizdeki okur da, olaylar ile onların çeşitli ön ve art tutarlılıkları arasındaki ilişkiyi (relation) hiç değilse kısmen açıklamaya çalışan bir polis hafiyesidir. Bilim adamı, parçasal bir çözüm elde etmek için bile, bulunan düzensiz olguları toplamalı ve yaratıcı düşünce ile, onları tutarlı ve anlaşılabilir duruma getirmelidir.

Bizim amacımız, ilerideki sayfalarda, fizikçinin o polis hafiyesinin kusursuz düşünüşüne karşılık olan çalışmasını kaba çizgilerle vermektir. Biz, özellikle, fiziksel alemin bilgisi için yapılan serüven dolu araştırmada, düşünüşlerin ve düşüncelerin rolü ile ilgileneceğiz.

Albert Einstein

ALBERT EİNSTEİN VE AKLIN BUNALIMI

MAURİCE MERLEAU - PONTY

Auguste Comte zamanında bilim, kuramda ve uygulamada varoluşa egemen olmaya hazırlanıyordu. Teknikte de siyasette de doğayı ve toplumu kuran yasalara yönelmeyi, onları onların yasalarına göre yönetmeyi düşünüyorlardı. Ama bambaşka bir sonuç çıktı bundan. Bilimde aydınlık ve etkinliğin birlikte büyümesi şöyle dursun, dünyayı alt üst eden uygulamalar, son açıklaması üzerinde tam bir uzlaşmaya varılamayan aşırı kurgusal bir bilimden doğmuştur. Bilim siyasete kadar her şeye boyun eğmedi de, tersine, felsefi hatta siyasi tartışmalarla dopdolu bir fizikle karşı karşıya geldi.

Einstein klasik bir anlayışa sahipti. Ruhun değişmez yapıya sahip olduğunu bildiren a priori anlayışlara iyice uzak kalmakla birlikte, kurma hakkını ne ölçüde kesin bir biçimde öne sürmüş olursa olsun, yaratının dünyaya konmuş bir doğruya dayandığını düşünmekten hiçbir zaman geri kalmamıştır. «Ben, kesinlikle kurgusal bir biçimde kavramaya çalıştığım yasalarla yönetilen kendinde bir dünyaya inanıyorum». Ama haklı olarak, kurguyla gerçeğin, dünya üzerine imgemizle dünyanın, bazen «Önceden kurulmuş uyum» diye adlandırdığı bu karşılaşmasını zorunlu olarak, ne Descartes'çı büyük usçuluk gibi dünyanın tanrısal bir altyapısı üzerine ne de idealizm «bizim için gerçeğin düşünebileceğimizden başka şey olamayacağını» öne süren bir ilkesi üzerine temellendirmeyi ister. Einstein, bazen Spinoza'nın tanrısına başvurur, ama çoğu zaman ussallığı bir gizem ve «evrenin oluşumuyla ilgili bir dinsellik»in konusu olarak tanıtlamaktadır. Dünyanın en az anlaşılır yanı, anlaşılabilir olmasıdır diyordu.

Dünyanın ussallığını kendiliğinden bir ussallık sayan düşünceye klasik denilirse, Einstein'da klasik anlayış en aşırı noktasına varmıştır. Bilindiği gibi, klasik fizik kavramlarının tersine, fiziksel şeylerin, fiziksel bireylerin «özelliklerine» yönelmeyen, ama maddenin içindeki bazı ortak olguların akışını ve olasılığını belirleyen dalga mekaniği formüllerinin kesin olup olmadığına karar verememiştir. Kendiliğinden olan ve sonunda bir olasılıklar dokusu olacak olan bu gerçeklik fikrine hiçbir zaman katılamamıştır. «Derime derinlemesine batmış bir düşüncenin yalnız ve çelimsiz tanığı küçük parmağım olmasa görüşlerimi savunabilmek için hiçbir kanıt ileri süremem» diye ekliyordu.

Mizah, Einstein için bir kaçamak yolu değildi. Onunla aşağı yukarı bir bilgi aracı olan dünya görüşünün kaçınılmaz bir bileşenini oluşturuyordu. Onun için mizah tehlikeye atılmış kesinliklerin bir tarzıydı. Onun «serçe parmağı» yaratıcı fizikçide çelişkili ve bastırılmaz bilinçti, bir gerçekliğe özgür bir buluşla ulaşma bilinciydi. Bu kadar iyi gizlenmek için «doğallıktan uzaklaşmış» ya da «incelmiş» olması gerekir Tanrı'nın diye düşünüyordu Einstein. Ancak, kötü yürekli bir tanrı olamazdı. O zaman zincirin iki ucunu tutmaktaydı: Klasik fiziğin bilgisinin ülküsü ve kendisinin «aşırı derecede kurgusal» devrimci tutumu. Sonraki kuşağın fizikçilerinin çoğu zincirin birinci ucunu bıraktılar. Einstein'ın anlaşılabilir bir gizem gibi ortaya koyduğu karşılaşmada, kurgu ile gerçeğin karşılaşmasında halk bir mucize bulmaktan geri durmadı. Sağduyunun apaçıklıklarını bulandıran ve aynı zamanda dünyayı değiştirmeye yetenekli bir bilim, en kültürlü tanıklarda bile, kaçınılmaz bir biçimde boş inancı körüklemektedir. Einstein buna karşı koyuyordu : Ben bir tanrı değilim diyordu, övgüler bana yönelmiyor «yaşamımı garip bir biçimde güçleştiren ve bir masal kişisi olan öbür Einstein'a» yöneliyor. Bana inanılmıyor daha doğrusu yalın yanım efsanevi yanımı büyütüyor. Dahası tümüyle kendisi olmadığından ününden iyiden iyiye şaşkına dönmüş ve ününe çok az önem veriyor. Einstein daha çok kutsanmış bir yer, doğaüstü bazı işlemlerin kaynağıdır. Bu ayrılış o kadar kesin ki onla sık sık görüşürken bazen gerçekten kendisiyle ilgimiz olduğunu anımsamamız gerekiyor, insan tıpatıp bir benzeriyle ilişki kurduğunu sanıyor, hatta akılalmazbir kuşkuya düşerek onun başkalarına benzediğine inanacaktım. Louis XIV sakin sakin şöyle diyordu:

«Gerçekten Racine akıllı adamdı, Viete, Descartes, Leibniz hiçbir zaman üstün insan olarak düşünülmediler. Bütün anlatım edimlerimizin sonsuz kaynağına inanan bir zamanda, büyük yazar ya da büyük bilgin yalnızca sözlerinin ya da birtakım nesnelere yazılı bulunan yasaların bazılarını ele geçirmekte yeteri kadar becerikli adamdı. Ve artık evrensel akıl diye birşey kalmadığı zaman, bunların keramet sahibi insanlar olması gerekir.

Bununla birlikte, eskiden olduğu gibi bugün gerçekten önemli tek bir mucize var, bu da insanın konuşabilmesi ya da hesaplayabilmesi bir başka deyişle eskimeyen ama tersine kullandıkça büyüyen, sonsuz bir işe uygun, yapılan şeyden daha fazlasını ortaya koymaya yetenekli, bununla birlikte sürekli olarak nesnelerle ilişkili olan, algoritma ve dil gibi üstün organları kurmuş olabilmesidır. Ancak kesin bir simgecilik kuramına sahip değiliz. O zaman bizde solumayı doğuran falanca hayvani gücün Einstein'da görelilik kuramını doğuracağını düşünmeyi yeğ tutuyorlar. Einstein buna şöyle karşı çıkabilir: Bizden başka türlü yaratılmış olması, başka algılara ve onlar arasında raslantıyla göreliliğe sahip olması gerekir. Amerikalı hekimler onu bir yatağın üzerine yatırıp, bu soylu alnı detektörlerle donatıyorlar ve şöyle buyuruyorlar : Göreliliği düşününüz, Şunu yapınız, ya da 21, 22 diyerek sayınız, sanki görelilik bir altıncı duyunun, güzel bir görüntünün nesnesiymiş gibi, sanki bir o kadar sinirsel enerji gerekmiyormuş, Einstein olunduğunda göreliliği düşünmek kadar süt çocuğu olunduğunda konuşmayı öğrenmek bir o kadar ince dönemlerden geçmiyormuş gibi. Hekimlerin bu davranışları, dahiye kendi alanında en garip soruları yağdıran gazetecilerin aşırılıklarına yaklaşmaktadır. Hepsi bir yana, madem ki bilim bir kerametttir, o neden bir mucize yaratmıyor? Madem ki Einstein, şimdinin gelecekle büyük bir uzaklıkta eşzamanlı olduğunu gösterdi, Pythie'ye sorulan soruları ona neden sormayalım?

Bu çılgınlıklar batı gazeteciliğine özgü değildir. Dünyanın öbür ucunda Sovyetlerin belirlemeleri (Yakın zamanlardaki değişimden önceki belirlemeleri) bir gizli bilimciliğe dayanmaktadır. Herhangi bir tutarsızlığı, olgular karşısında herhangi bir uyumsuzluğu ortaya konmamış olan bir fiziği «idealist» ya da «burjuva» olarak suçlamak, sermayeciliğin alt yapılarında başıboş dolanıp Einstein'a kuşkulu düşünceler esinleten kötü bir ruhu varsaymak demektir ki bu ussal toplumsal bir öğretinin görünüşleri altında açıklıkla parlayan bir usu yadsımak olur.

Dünyanın bir ucundan öbür ucuna, Einstein'ın aşırı derecedeki kurgusal yapıtı akılsızlığı arttırmaktadır. Bir kere daha belirtelim o, düşüncesini günışığına çıkarmak için hiçbir şey yapmadı hep bir klasik olarak kaldı. Ama işte, iyi doğmuş bir insanın şansı, iyi bir kültür geleneğinin gücü de burada değil mi? Ve bu gelenek ortadan kalktığında yeni bilim fizikçi olmayanlar için yalnızca bir usdışıcılık dersi mi olabilecektir?

6 Nisan 1922'de Paris felsefe derneğinde Einstein Bergson ile karşılaştı. Bergson bir dinleyici olarak gelmişti. Geldiğinde tartışma tavsamıştı. Bunun üzerine Bergson savunmakta olduğu «süre ve eşzamanlılık»daki düşüncelerinden bazılarını sunmaya karar verdi ve sonunda Einstein'a kuramının tutarsız görünümünü kaldırması ve onu yalnızca insan olan insanlarla uzlaştırması için bir yol önerdi. Yani, örneğin herbiri gözlemcinin duruş noktasına bağlı çoklu zamanların ünlü tutarsızlığında, fiziksel doğruyla en kısa doğruyu birbirinden ayırmayı öneriyordu. Eğer fizikçinin denklemlerinde, geçmiş zamanları belirlediği için zaman diye adlandırılan belirli bir değişken yerleşilen referans aistemiyle dayanışık görünüyorsa, bu durumda hiç kimse fizikçinin şurada ya da burada oluşuna göre «zaman genişliyor» ya da «daralıyor» ve dolayısıyla birçok zaman vardır deyişine karşı çıkamaz. Ama o, zaman derken

başka insanların zaman dediği şeyden mi sözetmektedir? Bu değişkene, bu bütünlüğe, bu matematiksel anlatıma başka bir zamanın özellikleri verilseydi, her fizikten önce deneyimine ya da algısına sahip olduğumuz bu şey – art arda geliş, gelecek, süre, toplam olarak gerçekten zaman olan tek şeyi – halâ belirtir miydi?

Algı alanımızda eşzamanlı olaylar vardır, öte yandan orada, alanları bizimkinin sınırını aşan gözlemciler görmekte, öncellerinin alanlarının sınırlarını aşan öbürlerini de tasarımlamaktayız. Böylece eşzamanlılık fikrimizi birbirinden istenildiği kadar uzaklaştırılmış ve aynı gözlemciden ortaya çıkmayan olaylara kadar yayacak noktaya geliyoruz. Hepimiz için biricik, tek bir evrensel zaman var. Bu kesinlik sarsılmış değil hatta, fizikçinin hesaplarıyla alttan alta anlatılıyor. Paul'ün bulunduğu noktaya göre Pierre'in zamanının genişlediği ya da daraldığı söylenildiğinde, bu söyleyiş Paul tarafından yaşanmış olan şeyi hiç de anlatmıyor, Paul bütün şeyleri kendi görüş açısından algılıyor, kendinde ve çevresinde geçen zamanı kendininkini duyumsadığından başka türlü duyumsaması için bu durumda hiç bir hakkı yok. Fizikçi yanlış olarak Paul'e, Pierre'in Paul'ün zamanından oluştuğu imgesini veriyor. Kendisiyle ortak nedeni oluşturduğu Pierre'in görünüşlerini mutlaklaştırıyor. Kendisini bütün dünyanın izleyicisi sayıyor, filozoflarda bu kadar kınanan şeyi yayıyor. Ve kimsenin olmayan, yalnızca bir mitos olan zamandan söz ediyor.

Bergson burada, Einstein'dan daha Einstein'cı olmak gerekir demektedir. «Diyelim ki ben bir ressamım ve iki kişiyi tasvir etmem gerek». Bunlar, yanımda olan Jean ve iki ya da üç yüz metre uzaklıktaki Jacques olsun. Birincisini doğal büyüklükte çizeceğim ikincisini ise bir cücenin boyutlarına indirgeyeceğim. Jacques'ın yanında olan ve her ikisini de çizecek olan meslektaşlarımdan birisi ise yaptığımın tersini yapacak Jean'ı çok küçük Jacques'ı ise doğal boyutunda gösterecek: Her ikimiz de bu durumda haklı olacağız. Ancak her ikimizin de haklı olmasından, Jean ve Jacques'ın ne normal boya ne de bir cücenin boyuna sahip olduklarını, ya da hem ona hem de öbürüne sahip olduklarını, ya da istenildiği kadar olacağını çıkarsamaya insanın hakkı var mıdır? Kuşkusuz ki hayır... Bu şekilde elde ettiğimiz zamanın çokluğu gerçek zamanın birliğini engellememektedir. Uzaklıkla boyun azalması, Jacques'ı azçok uzaklaşmış olarak göstereceğim bir dizi tual üzerinde Jacques'm aynı büyüklüğünü koruduğunu gösterdiği gibi onu daha çok önceden varsaymaktadır.

Temeldeki fikir şudur: Yeniden kurulmuş ussallık ve evrensel, dogmacı bir bilimin tanrısal hukuku üzerine değil, tek bir dünyanın varolduğunu benimseyen bilimöncesi apaçıklık üzerine, varoluşumuzda, algılanmış dünya ve öbürleriyle olan ilişkimizde içerilmiş akıldan önceki akıl üzerine 'kurulmuştur. Böyle konuşarak Bergson, Einstein'in klasisizminin önünde gidiyordu. Çoklu zamanlara matematiksel anlatımlar olarak bakılmaya, dünyanın fiziksel - matematiksel imgesinin berisinde ve ötesinde yaşayan insanlara da özgü olan felsefi bir dünya görüşü tanımaya razı olunsaydı, görelilik ; bütün insanların aklıyla uzlaştırılabilirdi. Algılarımızın somut dünyasını ufuklarıyla yeniden bulmak ve ona fiziğin kuruluşlarını yerleştirmek kabul edilseydi, fizik akılsızlığa ödün vermeden, özgürce tutarsızlıklarını ortadan kaldırabilirdi.

Einstein nasıl yanıtlayacaktı bunu? İlk sözcüklerinin de tanıtladığı gibi sorunu çok iyi dinlemişti. o zaman sorun ortaya şöyle konmaktadır: Filozofu zaman fizikçininkiyle aynı mı? Ancak aynı olduğunu onaylamadı. Kuşkusuz, deneyimine sahip olduğumuz algılanmış zamanın, zaman üzerine olan kavramlarımızın kalkış noktasında olduğunu ve bizi 'dünyanın bir ucundan öbürüne kadar, tek bir zaman fikrine götürdüğünü kabul ediyordu. Ancak bu yaşanmış zaman, her birimizin gördüğü şeyin ötesinde yetkin değildir ve bütün, dünyaya sezgizel eş-zaman kavramımızı yaymaya izin vermez. «Öyleyse filozofların zamanı diye birşey söz konusu değildir.» Herşeyi olduğu gibi zamanı da bilime sormak gerekir. Ve açıklıklarıyla algılanmış dünyanın deneyimi, bilimin açık sözü önünde başarısız bir girişimdir.

Olsun. Ancak bu yadsıma bizi usun bunalımıyla karşı karşıya getirmektedir. Bilgin fizikçinin aklından başkasını tanımaya razı olmamakta ve klasik bilimin zamanına olduğu gibi yalnızca ona güvenmektedir. Oysa, böylesi filozofça bir ağırbaşlılığa bürünmüş bu fizikçi usu, birçok çelişkilere düşmekte ve örneğin benim şu anım benden oldukça uzakta olan başka birisinin geleceğiyle eşzamanlıdır diye bir savla kendini yıkmakta, geleceğin kendine özgü anlamını yok etmektedir.

Haklı olarak, matematiksel bir anlatım ve dil ile değil ama dolaysız bir bildirimle klasik bilimsel ülküyü koruduğundan, fiziğin değerini ileri sürdüğünden filozof olarak Einstein, fizikçi olarak da insan olarak da araştırma yapmamış olmak tutarsızlığıyla suçlanmaktadır. Klasik bilimin bize öğrettiği usun değerlerini, bilim için doğaüstü ve mutlak bir doğru önererek koruyamayız. Dünya, nevrozlularm ötesinde yaşayan us için bir tehlike oluşturan birçok usçuyu ortaya koymaktadır. Ve tersine, usun güçlülüğü, dünyanın bilimsel anlatımını elbette düzenli biçiminde, insan dünyasının tümündeki yerinde doğrulayan, felsefi anlamda bir yeniden doğuşa bağlanmaktadır.

8 MADDEDE ALBERT EİNSTEİN'IN MÜZİK ZEVKİ: HANGİ SANATÇIYI SEVER, KİMİ DİNLERDİ?

Müzikte mantık aramam, tersine tümüyle bilgisizindir, kuramları bilmem. İç bütünlüğünü duygusal olarak kavrayamadığım bir yapıtı asla sevemem.

Albert Einstein

"(1) Bach, Mozart, birkaç eski italyan ve ingiliz besteci müzikteki gözdelerimdir. Beethoven'i oldukça az ama Schubert'i hayli severim.

(2) Benim için Bach'ın mı yoksa Mozart'ın mı daha önemli olduğunu söylemem olanaksız. Müzikte mantık aramam, tersine tümüyle bilgisizindir, kuramları bilmem. İç bütünlüğünü duygusal olarak kavrayamadığım bir yapıtı asla sevemem.

(3) Handel'i hep iyi, hatta kusursuz, ama belli bir yüzeysellikte bulmuşumdur. Beethoven ise bana aşırı dramatik ve kişisel gelir.

(4) Schubert olağanüstü yetkin duygusal anlatımı ve ezgi açısından büyük yaratıcılığı nedeniyle en sevdiklerimden biridir. Ancak daha büyük yapıtlarının mimariden biraz yoksun oluşu beni rahatsız eder.

(5) Schumann bana küçük yapıtlarda ki özgünlüğü ve duygu

zenginliği nedeniyle çekici gelir, ancak form olarak büyüklükten yoksun oluşu tümüyle zevk almamı engeller. Mendelssohn 'da ise biçimsel açıdan büyük yetenek, ancak çoğu kez bayalığa varan, tanımlayamadığım bir derinlik eksikliği görmekteyim.

(6) Brahms'ın birkaç Liedrini ve oda müziği yapıtlarını, kompozisyon açısından da gerçekten önemli buluyorum. Ancak bana göre çoğu yapıtlarının özde hiçbir inandırıcılık gücü yoktur.

Neden bunları yazma gereğini duyduğunu anlayamıyorum.

(7) Wagner'in yaratıcılığına hayranlık duyuyorum, ancak dekadanlara özgü mimari yapı eksikliğini hissediyorum. Ayrıca müzikal kişiliğini de öylesine sevimsiz buluyorum ki, onu çoğunlukla ancak antipatiyle dinleyebiliyorum.

(8) Strauss'u yetenekli, ancak içtenlikten yoksun ve yalnızca dış etkiyi gözetir buluyorum. Modern müziğe hiç önem vermediğimi söyleyemem. Debussyryi zarif (feinfarbig), ancak yapıdan yoksun buluyorum. Böyle şeylere pek hayranlık duyamam... "

"Çeneyi tutmalı, Çalmayı sevmeli!"

Yeni döneminin çağdaş bestecilerinin yapıtları genel olarak Einstein'a pek çekici gelmiyordu. Ancak Ernest Bloch'a kişisel olarak çok değer veriyordu ve 15 Kasım 1950'de, anlaşıldığı kadarıyla bir soruya yanıt olarak şöyle yazmıştı:

"Çağdaş müzikle ilgili bildiklerim çok kısıtlıdır. Ancak bir noktadan enimim. Gerçek sanat yaratıcı sanatçıdaki karşı konulması olanaksız bir tutkuyla karakterizedir. Bu tutkuyu geç dönem müzikçilerinin pek azında ve Ernest Bloch fda hissedebilmekteyim."

Büyük orkestra şefi Arturo Toscanini'ye 1938 Ocak'ında American Hebrew Medal (Amerikan Musevileri Madalyası) verildiğinde, Einstein herhalde tören sırasında okunmuş olan aşağıdaki sözleri yazmıştı:

"Ancak kendini bir işe tüm gücü ve ruhuyla adayan kişi gerçek bir usta olabilir. Bu nedenle ustalık tam bir insan olmayı gerektirir. Toscanini bunu tüm davranışlarıyla ortaya koymaktadır."

1928 Ekim'inde bir mektup sahibi, Berlin'deki Einstein'a diğer şeyler yanında müzik etkinliğinin, müzikten böylesine farklı asıl çalışma alanına bir etkisi olup olmadığını soruyordu. Einstein 23 Ekim 1928'de şu yanıtı veriyordu.

"Müzik araştırma çalışmalarını etkilememektedir tersine her ikisi de aynı özlem kaynağından beslenmekte ve sağladıkları rahatlama ile birbirlerini tamamlamaktadırlar."

EİNSTEİN'İN, BERTRAND RUSSELL'IN "BATI FELSEFESİ TARİHİ" ADLI KİTABI HAKKINDAKİ DÜŞÜNCELERİ

Bertrand Russell'ın Felsefe Tarihi üzerine bir şeyler yazmam istendiği zaman, Russell'a duyduğum hayranlık ve sevgi dolayısıyla bu isteği hemen kabul ettim. Russell'ın yapıtlarına sayısız mutlu saatler borçluyum. Bu sözleri, Thorstein Veblen dışında hiçbir çağdaş bilimsel yazar hakkında kullanamam.

Bununla birlikte Russell hakkında bir yazı yazma vaadinde bulunmanın bu vaadi yerine getirmekten daha kolay olduğunu anlamış bulunuyorum.Önce Russell'ın filozofluğu ve bilgi kuramı üstüne bir şeyler söylemek istemiştim. Fakat, ne kadar kaypak ve sakıncalı bir alana girmeye cesaret ettiğimi anlar anlamaz fizikten dışarı çıkmamaya karar verdim.

Russell felsefesi ve bilgi kuramını tanımaktaki eksikliğim yüzünden, fiziğe bağlı kalmak iyi bir önlemdi.

Onun bilim görüşünün halen göstermekte olduğu güçlükler fizikçiyi, eski kuşaklarda olduğundan daha kapsamlı felsefi sorunlarla uğraşmaya zorlamakta. Gerçi burada o güçlüklerden söz etmeyeceğim ama, beni bu denemeye sürükleyenin de onlara karşı duyduğum ilgi olduğunu belirtmeden edemeyeceğim.

Felsefî düşüncenin yüzyıllar boyu geçirdiği evrimde şu düşünce başrolü oynamıştır: Duyu algısından bağımsız olarak salt düşünceyi hangi bilgi verebilir? Böyle bir bilgi var mıdır? Yoksa, bilgimizle duyu izlenimlerinin sağladığı hammadde arasındaki ilişki nedir?

Bu sorulara ve onlarla içten bağlı daha birkaçına, sınırsız bir felsefi düşünce kaosu karşılık olur.

Nispeten verimsiz, fakat yiğitçe olan bu çabalarda sistemli bir gelişme eğilimi görülebilir. Böyle bir gelişme çizgisi salt "kavramlar ve idea'lar" dünyasına karşıt olarak "şeyler" dünyası, "nesnel-dünya" üzerine salt düşünceyle birşeyler öğrenme yolundaki her çabada artan bir kuşkuculuğu simgeler.

Hemen az çok konu dışına kayarak şunları söyleyeyim: Gerçek bir filosof katında olduğu gibi burada da alıntı belgeleri (işaretleri) yeni bir kavramı ortaya atmak için kullanılmıştır. Bu kavram, felsefe polisi gözünde, kuşkulu bir suçlu gibiyse de okuyucunun, şimdilik onu kullanmama izin vermesini dilerim.

Felsefenin çocukluk döneminde, salt düşünceyle, bilinebilecek her şeyi bulabilmenin olanaklı olduğuna inanılmıştı. O bir sanrıydı (boş düştü). Bunu, felsefe ve doğal bilimden öğrendiklerini bir an bir yana bırakan herkes kolayca anlayabilir. Böyle biri Platon'un, "idealara" empirik olarak deneyimlenebilir şeylerden daha üstün bir gerçeklik yüklendiğini görmekle şaşkınlığa düşmeyecektir.

Spinoza'da ve Hegel'de hâlâ başrolü oynar gözüken bu önyargı canlı bir güce sahip. Bu sanrıdan bir şeyler katmaksızın felsefi düşünce alanında bir işin gerçekten başarılıp başarılamayacağı sorusunu atabilir ortaya kimi. Üzerinde durmak istemiyoruz bunun.

Düşüncenin sınırsız etkime gücü konusundaki, daha çok aristokratik sanrının karşısında, daha çok bir halk görüşü olan çıplak gerçeklik sanrısı bulunmakta. Buna göre şeyler bizce, duyularımız aracılığıyla "algıladığımız gibi"dirler.

Bu sanrı insanların ve hayvanların gündelik yaşamını yönetir, aynı zamanda bütün bilimlerin özellikle doğal bilimlerin çıkış noktasıdır.

Bu iki sanrıyı yenme çabası nispeten basit olmuştur. Russell, Anlam ve Doğruluk Konusunda Bir Araştırma adlı yapıtının girişinde bu oluşumu şaşılası bir yaratıcı düşünce zenginliğiyle şöyle dile getirmektedir:

"Hepimiz 'çıplak gerçekçilik'ten, yani şeylerin göründükleri gibi olduklarından başlarız işe. Otun yeşil, taşların sert, karın soğuk olduğunu sanırız. Fakat fizik, otun yeşilliğinin, taşın sertliğinin, karın beyazlığının, bizim kendi deneyimizle bildiğimiz, yeşillik, sertlik ve soğukluk olmadığını, onlardan farklı olduğunu açık seçik söyler bize.

Gözlemci, bir taş gözlediğini sandığında, fiziğe inanmak gerekirse, gerçekte taşın, gözlemci olarak, kendisi üzerine yapmış olduğu etkiyi gözlemektedir.

Kendisiyle savaşta görünmekte bilim: En çok nesnel anlam taşıdığında istemine karşılık öznelliğe dalmış bulur kendini. Çıplak gerçekçilik fiziğe götürür. Fizik de, doğruysa, çıplak gerçekçiliğin yanlış olduğuna. Böylece, çıplak gerçekçilik doğruysa yanlıştır. O halde yanlıştır."

Bu satırlar ustalıkla biçimlenmelerinden ayrı olarak daha önce hiç söylenmemiş bir şey de söylemektedir. Çünkü, yüzeyden bakıldığında Berkeley ve Hume, doğal bilimlerdeki düşüncenin karşıtı bir tutuma sahip görünmekte. Bununla birlikte Russell'in hemen yukarıda okuduğumuz görüşü şu bağlantıyı açığa koyuyor:

Berkeley dış dünya "şeyleri"ni duyularımızla doğrudan doğruya kavramadığımız kanısındaysa ve nedensel olarak bağlantılı olayların, "şeyler"in şimdisel durumuyla duyu organlarımıza geldiği olgusuna dayanmaktaysa, özçizgilerini, fiziksel düşünce kalıbına güvenden alan bir usavurmaya girişmektedir!.

Fiziksel düşünceden, onun en genel çizgilerinde bile kuşkuya düşülüyorsa nesneyle görü aktı arasına, nesneyi özneden ayıran ve "nesnenin varlığını" sorunsal yapan herhangi bir şey yerleştirmek gereksizdir.

Bununla birlikte şeyleri ve onların ilişkisini salt spekülatif düşünceyle anlama olanağına güveni duymayı sağlıyan, bu fiziksel düşünce biçimi ve onun pratik başarısından başka bir şey değildir.

Gittikçe, şeyler hakkındaki bütün bilginin sadece duyularca sağlanan hammaddenin işlenmesinden ibaret olduğu kanısı yerleşti. Düşünce, bu genel (ve isteyerek kapalıca dile getirilmiş) biçimiyle belki bugün yaygın olarak kabul edilmekte.

Bu kanı, gerçekten, salt kurgu aracılığıyla bilgi elde edilmesinin olanaksızlığının kanıtlandığı var sayımına değil; daha çok, bilginin tek kaynağı olma yeteneğini, sadece yukarıda sözü edilen anlamdaki empirik- oluşumun gösterdiği olgusuna dayanır. Galilei ve Hume bu ilkeyi tam bir açıklık ve kesinlikle ele alan ilk kişilerdir:

Hume, asli olarak görmemiz gereken, nedensel bağlantı gibi kavramların, bize duyular yoluyla verilen gereçlerden gelmediğini anlamıştır. Bu iç-görü onu, herhangi bir tür bilgi konusunda kuşkucu bir tutuma götürmüştür. Yapıtları okunursa pek çok filozofun, kimi kez pek değer verilenlerin bile, Hume'dan sonra anlaşılmaz şeyler yazdığı ve bunlara hayranlık duyan bir okuyucu kitlesi olduğu görülecektir. Russell'in felsefi çözümlemelerini okurken Hume duyulur perde arkasından. Onun sorunları ayırt ve onlara nüfuz etme yeteneği ve anlatımının yalınlığı Hume'u anımsatır bana.

Kesin-bilgi yönünde yoğun bir isteği vardır kişioğlunun. Hume'un açık bildirisinin çarpıcı görünmesinin nedeni budur. Bilginin tek kaynağı olan duyusal hammadde, alışkanlık aracılığıyla bizi inanç ve bekleyişe götürebilir, fakat bilgiye değil, bu hammadde, kurala uygun ilişkilerin anlayışınaysa hiç götürmez bizi.

Sonra Kant, Hume ikileminin çözümüne doğru bir adım olan bir düşünceyle çıktı ortaya, Kant'ın ileri sürdüğü biçimde artık kabul edilemez olan bu düşünce şudur:

Bilgide empirik bir kaynağa sahip olan bilgi kesin değildir. (Hume) Böylece kesin bilgiye Sahipsek o usun (aklın) kendinde bulunmalı. Geometri önermelerinde ve nedensellik ilkesinde durum böyledir. Bu ve belirli öbür bilgi türleri, düşüncenin kimi araçlara başvuran ve sonuçta, duyuverilerinden türemeyen a priori bölümüdür.

Bugün herkes doğallıkla, sözü edilen kavramların Kant'ın onlara yüklediği hiçbir kesinlik ve hiçbir içkin zorunluk içermediğini bilmekte.

Kant'ın sorunu ele alışında, bana, doğru görünen şu: Eğer durumu mantık noktasından görürsek, düşünürken, belli bir "hak"la, duyusal deneyim gereçlerinin nüfuz edemediği kavramlara başvururuz.

Söylediğimin daha aşırısı ileri sürülebilir kanısındayım: Yani denebilir ki, düşüncelerimizde ve dilsel anlatımlarımızda ortaya çıkan kavramlar, mantıksal olarak gözden geçirildiğinde, duyu deneyimlerinden tümdengelimsel olarak elde edilemeyen özgür düşünce yaratımlarıdır.

Kolayca farkedilmez bu durum. Çünkü belli kavramları ve kavramsal ilişkileri (önermeleri) belli duyu deneyimleriyle öylesine bağdaştırmak alışkanlığındayızdır -ki duyu deneyimleri dünyasını kavramlar ve önermeler dünyasından ayıran ve mantıksal olarak üzerine bir köprü kurulamayacak boşluğun bilincine varamayız.

Söz gelimi, tam sayılar dizisi açıkça, insan usunun bir buluşu, belirli duyusal deneyimlerin düzene sokulmasını kolaylaştıran, kendi adına yaradılmış bir aygıttır. Ancak, bu kavramın doğrudan doğruya duyu verilerinden, olduğu gibi türemesini sağlayacak bir yol yoktur. Burada, sayı kavramını özellikle seçtim. Çünkü o, bilim öncesi döneme dayanır ve bu olguya karşın onun işimize yarayıcı karakteri hâlâ kolayca kabul edilebilir.

Günlük yaşantının en ilkel kavramlarına gittikçe, bağımsız yaratıcı düşünce kavramını onaylamak, köklü alışkanlıklar yığını arasında daha güç. Böylece bildirici ve önemli sonuçları olan, yani buradaki koşulların anlaşılmasını sağlayan görüş doğuyor. Doğan görüşe göre, kavramlar deneyimden "soyutlama" yoluyla yani deneyim içeriğinin bir bölümünü ortadan kaldırmakla doğar. İmdi bu görüşün bana niye bu denli önemli göründüğünü açıklamaya çalışacağım:

Russell'ın Hume üzerine eleştirisini okuyan biri, kolaylıkla, duyusal hammaddeden türetilemeyen kavramların ve önermelerin "metafizik" özçizgileri nedeniyle düşünceden çıkarılması gerektiği türünde bir inanca varır. Bütün düşünce, 'sadece duyusal gereçlerle olan ilişkisi sonucu gereçsel bir içerime kavuşur. Son önermeyi bütünüyle doğru, fakat onun ortaya çıkmasına yol açan kanıyı yanlış sayıyorum. Çünkü bu sav tutarlı olarak sürdürüldüğünde herhangi bir düşünceyi "metafizik" diye kesinlikle saf dışı bırakacaktır.

Düşüncenin "metafizikte ya da boş konuşmaya dönüşerek soysuzlaşmaması için, kavramsal sistemin yeter sayıda önermesi duyu deneyimleriyle sıkı sıkıya bağlı olmalı ve bu sistem duyu deneyiminin düzenleyici ve gözden geçirici işi dikkate alındıkta, olanaklı birlik ve titizliğe sahip bulunmalıdır.

Bunun ötesinde "sistem" mantık yönünden istekse! (keyfi) olarak verilmiş kurallara göre oynanan bir simgeler oyunudur. Bütün bunlar, daha çok bilinçsel ve sistematik olarak kurulmuş bilimsel düşünce için olduğu denli (ve aynı biçimde) gündelik yaşantı için de söylenebilir.

Şöyle bir anlatım kullandığımda ne demek istediğim anlaşılacaktır: Hume, açık eleştirisiyle, sadece felsefeye kuşkunun ötesinde bir ilerleme yolu açmamış, aynı zamanda (kendi kusuru aracılığıyla değilse de) felsefe için bir tehlike yaratmıştır. Çünkü, onun eleştirisi sonucu, yaşamsal bir "metafizik korkusu" doğmuş ve bu korku çağdaş empirik felsefenin sayrılığını (hastalığını) oluşturmuştur. Duyular aracılığıyla verilenleri görmezlikten gelip bir yana bırakabilen bulutlardaki felsefenin bir yansıdır bu sayrılık.

Russell'ın Anlam ve Doğruluk Üzerine Bir Araştırma yapıtında yapmış olduğu keskin çözümleme ne denli hayranlık uyandırırsa uyandırsın orada az çok zarara yol açan metafizik korkunun hayaleti görülebilir. Sözgelimi "şey"in "nitelikler demeti" gibi' alınmasının nedeni bu korku gibi görünüyor. Burada nitelikler, duyusal hammadde gibi kavranmakta.

Şimdi, iki şeyin bir ve aynı olması olgusu, onlar bütün nitelikleri bakımından uyuşmaktaysa bu, iki şey arasındaki geometrik ilişkilerin niteliklerine geri götürür bizi. Yoksa Paris'teki Eiffel kulesiyle New York'takinin "aynı şey" olduğunu ileri sürebilecektik. Bu bakımdan ben şeyi (fiziksel anlamdaki nesneyi) bağımsız bir kavram olarak uygun uzaysal ve zamansal bir yapıyla birlikte sisteme katmakta hiçbir "metafizik" tehlike görmemekteyim.

Anlam ve Doğruluk'un son bölümü "metafizik" olmadan işlerin yürüyemeyeceğini şu yüzüne çıkartmıştır. Yukarı ki çabaları dikkate alarak, bu noktayı hoşnutlukla kaydediyorum.

Orada karşı çıktığım tek yan, satırlar arasından sızan ve zekâya bağlantılı kötü bilinç.

"İKİ ZAMANIN BİRLEŞTİĞİ YERDE UMUTSUZLUK VARDIR" EİNSTEİN'İN DÜŞLERİ

ALAN LİGHTMAN

Tabii nasıl her şey gelecekte yinelenecekse, su anda olan her şey de bundan önce milyonlarca kez yinelenmiştir. Kentte yasayanların çok azı, düşlerinde, her şeyin geçmişte olup bittiğinin bilincindeler. Bunlar mutsuz insanlardır. Karsılaştıkları yanlış hükümlerin, hatalı isteklerinin ve kör talihlerinin geçmiş zaman döngüsünde yer aldığını hissederler. Ölü gecenin içinde bu lanetlenmiş hemşerilerimiz çarşaflarıyla boğuşur, bir türlü huzura kavuşamaz, tek bir eylemi, tek bir davranışı bile değiştiremeyecekleri gerçeği onları dürtükler durur. Hataları, bu hayatlarında da, önceki hayatlarındaki gibi kılı kılına yinelenecektir. İste yalnızca bu çifte talihsizler zamanın bir döngü olduğunun işaretini taşır.

Bu dünyada iki zaman vardır. Mekanik zaman ve bedenin zamanı. İlki ileri geri sallanıp duran demirden bir sarkaç gibi katı ve madenidir. İkincisi ise körfezdeki bir balık gibi kıvrak ve kıpır kıpırdır. Birincisi verimsizdir, önceden belirlenmiştir. Öteki ise yol alırken kendi kararlarını kendisi verir.

Bazıları mekanik zamanın var olmadığına inanmışlardır. Kramgaase'deki dev saatin önünden geçerken onu görmezler, Postgasse'den paket gönderirken veya Rosengar-ten'in çiçekleri arasında dolaşırken saatin çanlarını duymazlar. Bileklerinde saatleri vardır ama yalnızca süs olarak ya da zaman parçalarını armağan olarak verenlere hürmeten. Evlerinde saat bulundurmazlar. Onun yerinde yürek atışlarına kulak verirler.

Ruh hallerinin ve tutkularının ritimlerini dinlerler. Böyle insanlar acıkınca yemek yerler, uyanınca islerine ya da eczaneye giderler, günün her saatinde sevişirler. Bu insanlar mekanik zaman kavramına gülüp geçerler. Zamanın düzensiz hareket ettiğine inanırlar. Yaralı bir çocuğu hastaneye yetiştirirken veya ahlaksız bir komşunun bakışları üzerinizdeyken zamanın sırtında bir ağırlıkla ilerlediğini bilirler. Yine bilirler, dostlarla yiyip içerken, hayır duası alırken veya gizli bir âsığın kollarında uzanmışken zamanın ok gibi ileri atıldığını.

Bir de bedenlerinin var olmadığına inananlar vardır. Onlar mekanik zamana bağlı olarak yasarlar. Sabah yedide kalkarlar. Öğle vakti yemek yer, aksam altıda sofraya otururlar. Randevularına tam zamanında, saate uygun olarak gelirler. Haftada kırk saat çalışır, Pazarları Pazar gazetelerini okur, Salı aksamları satranç oynarlar. Mideleri guruldadığında, yemek zamanının gelip gelmediğini anlamak için saatlerine bakarlar. Konserde içleri geçmeye başladığında sahnenin üstündeki saate bakarak eve gitmeye ne kadar kaldığını anlamaya çalışırlar. Onlar bedenin mucizevi olmadığına, kimyasal maddelerden, dokulardan ve sinir akımlarından oluştuğuna inanırlar. Düşünceler onlar için beyindeki yalnızca belirli sinir uçlarına kimyasal maddelerin akmasıdır. Üzüntü küçük beyinde asit yoğunlaşması sonucu oluşur. Kısacası, insan bedeni tıpkı bir elektronun ya da duvar saatinin bağlı olduğu yasalarla yönlendirilen bir makinedir. Bu nedenle beden, fizik diliyle yönlendirilmelidir. Eğer beden konuşuyorsa, bu su kadar kaldıracın ve kuvvetin konuşmasıdır. Beden, emrine girilecek bir şey değil emredilecek bir nesnedir.

Aare ırmağı kıyısında gece hava almaya çıkan biri, iki dünyayı birarada görebilir. Sandalcı, karanlıkta yerini saniyeleri sayarak, akıntıya göre saptıyor. "Bir, üç metre. İki, altı metre. Üç, dokuz metre. "Sesi karanlığı berrak ve belirgin hecelerle yarıyor. Birbirlerini yıllardır görmemiş olan iki kardeş Nydegg Köprüsü'nde bir lâmbanın altında içki içip gülüyorlar. St. Vincent Katedrali'nin çanı on kez çalıyor. Buna Euclid geometrisinin ispatları gibi kusursuz mekanik bir yanıt olarak Schlaflaube üzerindeki evlerin ışıkları birkaç saniye içinde sönüyor.

Uzaktaki çan sesleri tarafından zamansız uykularından uyandırılan, ırmak kıyısında uzanmış iki âsık, gecenin gelişine sasırmış gibi tembel tembel bakmıyorlar.

İki zamanın birleştiği yerde umutsuzluk vardır. İki zaman kendi yollarına gittiğinde huzur vardır. Örneğin, bir davavekili, bir hastabakıcı, bir fırıncı her iki zamanda mucizevi olarak birer dünya oluşturabilirler ama aynı zaman içinde bunu yapamazlar. Her iki zaman gerçektir ama gerçekleri aynı değildir.

Zamanın, kendi üzerine kıvrılan bir daire olduğunu düşün. Dünya, kusursuzca, sonsuza dek kendini yineliyor. Çoğunlukla insanlar yaşamlarını yeniden yasayacaklarını bilmiyorlar. Tüccarlar bilmiyor aynı pazarlığı tekrar tekrar yapacaklarını. Politikacılar, zaman döngüsü içinde aynı kürsüden sonsuz kez bağıracaklarını bilmiyor. Ana babalar bebeklerinin ilk gülücüğünü sanki bir daha duymayacaklarmış gibi karşılıyor. İlk kez sevişen âsıklar utanarak soyunuyor, birbirinin vücutları onları şaşırtıyor. Nereden bilsinler, her bir gizli bakısın, her dokunuşun, eskisine benzer biçimde tekrar, tekrar yineleneceğini.

Marktgasse'de de bu böyle. Dükkâncılar nereden bilebilir her el örgüsü kazağın, isli mendilin, her çukurlatanın, her karmaşık pusulanın ve saatin yeniden tezgâhlarına geri döneceğini. Aksam karanlık çökünce, dükkâncılar ya evlerine, ailelerine gidiyorlar, ya da bira içmeye tavernalara. Kalabalık caddelerden geçen arkadaşlarına sesleniyorlar, her zaman dilimine emanet bir zümrütmüş gibi sarılıp okşuyorlar.

Nasıl bilebilirler hiçbir şeyin geçici olmadığını. Her şeyin yinelendiğini. Kristal avizenin çevresinde koşturan karınca başladığı yere döneceğini ne kadar bilirse onlar da o kadar farkındalar.

Gerberngasse hastanesinde bir kadın kocasına veda ediyor. Adam yatağın içinde, bos gözlerini karısına dikmiş. Son iki ay boyunca, kanser gırtlağından ciğerlerine, oradan da pankreasa ve beyne sıçradı. İki küçük çocuğu odanın kösesindeki iskemleye oturmuşlar. Avurtları çökmüş, bir deri bir kemik ihtiyar bir adam haline gelmiş babalarına bakmaya korkuyorlar. Karısı yatağa yaklaşıyor, kocasını alnından öpüyor, fısıldayarak veda edip çocuklarını alıyor, çıkıyor. Bunun son öpücük olduğundan emin. Nereden bilebilir zamanın yeniden başlayacağını. Yeniden doğacağını, liseye gideceğini, Zürih'deki galeride yine resimlerini sergileyeceğini, kocasıyla Fribourg'daki küçük kütüphanede tanışacaklarım, sıcak bir Temmuz günü yeniden Thun Gölünde yelkenle dolaşacaklarını, yeniden doğum yapacağını, kocasının tekrar sekiz yıl eczanede çalışacağını, bir aksam gırtlağında bir sislikle eve geleceğini. Bunun yine büyüyeceğini, kocasının zayıflayacağını, yine bu hastanede bu yatakta, bu anda her şeyin biteceğini. Nereden bilebilir?

Her seyin bir döngü olduğu dünyada, her el sıkış, her öpüş, her doğum, her sözcük tamı tamına yinelenecektir. İki arkadasın dostluklarının sona erdiği, bir ailenin para yüzünden bölündüğü anlar, çiftler arasındaki tartışmaların her kırıcı anı, üstün olanın kıskançlığı yüzünden kaçan tüm fırsatlar, tutulmayan her söz de öyle yinelenecek.

Tabii nasıl her şey gelecekte yinelenecekse, su anda olan her şey de bundan önce milyonlarca kez yinelenmiştir. Kentte yasayanların çok azı, düşlerinde, her şeyin geçmişte olup bittiğinin bilincindeler. Bunlar mutsuz insanlardır. Karsılaştıkları yanlış hükümlerin, hatalı isteklerinin ve kör talihlerinin geçmiş zaman döngüsünde yer aldığını hissederler. Ölü gecenin içinde bu lanetlenmiş hemşerilerimiz çarşaflarıyla boğuşur, bir türlü huzura kavuşamaz, tek bir eylemi, tek bir davranışı bile değiştiremeyecekleri gerçeği onları dürtükler durur. Hataları, bu hayatlarında da, önceki hayatlarındaki gibi kılı kılına yinelenecektir. İste yalnızca bu çifte talihsizler zamanın bir döngü olduğunun işaretini taşır. Her kentte, aksam ilerlediğinde, bos caddeler ve balkonlar bunların iniltileriyle dolar.

TANRI KAVRAMININ SÖMÜRÜLMESİ

ALBERT EİNSTEİN

Daha iyi bir dünyanın kurulmasına çalışılırken Tanrı kavramından yararlanılması gerektiğine inanmıyorum. Bunun, çağdaş bir aydının davranışları ile bağdaşabileceğini sanmıyorum. Ayrıca, tarih de gösteriyor ki, her topluluk ya Tanrının kendilerinden yana olduğuna inanıyor, ya da böyle olduğuna karşısındakileri inandırmağa çalışıyor.

Bu da, sağduyuya dayanan bir anlayış ve davranışı güçleştiren bir durum. Daha ahlâklı ve aydınca bîr tutumun gelişmesi yolunda girişilecek sabırlı ve açık sözlü eğitim çalışmaları, kanımca, daha mutlu bir yaşama düzenine giden tek yoldur.

Yaşadığımız bu ekonomik sıkıntı çağında ulusları ayakta tutan mânevi güçlerin ne olduğu açıkça belirmektedir. Umarız ki, geleceğin tarihçisi, Avrupanın politik ve ekonomik bakımdan birleştiği bir gün, çağdaş olayları yargıladığı zaman, günümüzde bu kıtanın özgürlük ve onurunun Batı devletleri tarafından kurtarılmış olduğunu, bu güç zamanlarda kin, nefret ve zorbalığa kaymadan sıkıntıya karşı koyan Batı Avrupa'nın kişi özgürlüğünü başarıyla savunup, bilgi ve buluşların ilerlemesine yol açtığını görecek ve söyliyecektir. Çünkü kendi varlığına saygısı olan bir insan için hayat bu özgürlük olmadan yaşanmaya değmez.

Beni yıllarca kendi yurttaşı sayan bir ulusun tutum ve

davranışını yargılamak bana düşmez hem; yalnız eyleme değer verilen günümüzde yargılamaya girişmek boş bir çaba olsa gerek.

Bugün bizi ilgilendiren sorunlar şunlardır: İnsanlığı ve bize miras kalan mânevi varlıkları nasıl kurtaracağız? Avrupa'yı yeni bir yıkımdan nasıl koruyacağız?

Hiç şüphe yok ki, dünyayı saran eko nomik buhran ve buhran yüzünden halkların yoksul düşmesi, birçok nimetlerden yoksun kalmaları, tanığı olduğumuz tehlikeli karışıklıklara yol açmıştır. Bu gibi dönemlerde hoşnutsuzluk kin ve öfke doğurur; öfke insan-arı zorbaca eylemlere ve devrimlere sürükler, kimi zaman da savaşa götürür. Sıkıntıdan, çaresizlikten yeni yeni dertler doğar. Bugün devlet adamları, tıpkı yirmi yıl önce olduğu gibi, korkunç sorumluluklar yüklenmiş bulunuyorlar. Gönül ister ki bunlar bir anlaşmaya varsınlar ve Avrupa'da uluslararası alış verişleri birlik ve aydınlık temelleri üzerine kurabilsinler, böylece her devlet savaşın başarısızlıkla sonuçlanacak bir serüven olduğunu kesinlikle anlasın. Ne var ki, devlet adamlarının çabası ancak halkların sağlam, sarsılmaz istemine dayandığı zaman başarılı sonuç verebilir.

Bizi ilgilendiren konu yalnız barışı kurmanın ve korumanın teknik çareleri değil, aynı zamanda kafaları eğitmenin, aydınlatmanın yoludur. Düşünce özgürlüğümüzü, kişisel özgürlüğümüzü tehlikeye sokan güçlere karşı koymak istiyorsak, önce yitireceğimiz değerlerin ne olduğunu iyice tasarlamamız ve atalarımızın bunca zor savaşlarla elde ettikleri bu özgürlüğe neler borçlu olduğumuzu açıkça bilmemiz gerekir.

Bu özgürlük olmasaydı, ne Shakespeare, ne Goethe, ne Newton, ne Faraday, ne Pas-teur, ne de Lister yetişirdi. O olmasa, ne halk için konforlu evler olurdu, ne demiryolları, ne telsiz telgraf, ne salgınlara karşı korunma çareleri, ne ucuz okuma kitapları, ne kültür, ne de herkese açık sanatlar. Hayatın belli başlı gereksinmelerini karşılıyacak gereçleri meydana getirmek için insanın çabasını kolaylaştıracak makineler olmaz, çoğu insanlar eski Asya zorbalarının zamanındaki köle hayatını yaşardı.

Buluşlar, keşifler yalnız özgür insanlara vergidir, yalnız onlar yaratabilir biz modern insanların hayatım yaşanmaya değer hale getiren düşünce eserlerini.

Belki bir gün gelecek, çağımızın ekonomik güçlüklerinden sıyrılıp da çalışmada «arz ve talep», sunu ve istek, üretim ve tüketim arasındaki dengeyi kurabilecek ve bu dengeyi yasalarla yürütebileceğiz. Ama bu sorunu da özgür insanlar olarak çözümlemeliyiz, onu bahane ederek bizi köleliğe sürüklemelerine izin vermemeliyiz; çünkü kölelik olumlu, sağlıklı her türlü gelişmeyi köstekliyen bir bataktır.

Bu sözlerimle ilgili olarak, geçenlerde aklıma gelen bir düşünceyi dile getirmek isterim: Şehirden uzak, yalnız yaşıyor ve rahat, düzenli bir hayatın yaratıcı düşünceyi geliştirmeye ne kadar elverişli olduğunu görüyordum. Toplumumuzda yalnızlığı gerektiren ve beden ya da akıldan yana büyük bir çaba gerektirmeyen bazı görevler vardır: örneğin deniz feneri ve yüzen fener bekçiliği. Bu görevleri bilim, özellikle, bazı matematik ya da felsefe sorunlarını derinliğine incelemeyi amaç edinen gençlere vermek mümkün değil mi? Pek az genç hayatının asıl verimli çağında bilimsel sorunların üstüne eğilmek fırsatını bulur. Bir genç belli bir süre için bir burs bulabilse bile, en kısa zamanda sonuç elde etmek zorundadır. Bu durum salt bilime ulaşmak için hiç de elverişli değildir. Ekmeğini kazanmak için gelişigüzel pratik bir görev alan genç bilim adamı bu bakımdan daha elverişli koşullar içindedir - yeter ki asıl çalışmasına ayırabilecek zaman ve enerjiyi bulabilsin. Bu dediğim gerçekleştirilirse, belki yaratıcı kafalara şimdi olduğundan daha geniş ölçüde gelişmek olanağı verilmiş olur. Ekonomik yoksulluğun ve politik karışıklığın ağır bastığı çağımızda bu çeşit düşüncelerin üstünde durmaya değer.

Tehlikeli, yoksul bir çağda yaşadığımızdan yakınmak mıyız? Sanmam. İnsan bütün öbür canlılar gibi yaradılıştan gevşektir. Onu uyaran, dürtükliyen olmazsa, hemen hiç düşünmez, törelerine ve alışkanlıklarına uyarak bir otomat gibi yaşar. Genç değilim, çocukluk, gençlik aşamalarını geçirdim ve ben de delikanlının yalnız kendi hayatının ıvır zı-vırlannı düşündüğü, arkadaşları gibi konuşup, tıpkı onlar gibi davrandığı çağları yaşadım. Bu yapmacık maskenin altında neler saklandığını pek fark edemez insan, çünkü alışkanlığın, biçimselliğin etkisiyle insanın gerçek kişiliği pamuğa sarılmış gibidir.

Bugünümüz ne kadar başka! Fırtınalı zamanımızda çakan şimşeklerin ışığında insanları ve olayları olanca çıplaklığıyla görebiliyoruz. Her millet, her insan amaçlarını, tutkularını, güc ve güçsüzlüklerini açığa vurmaktadır. Koşulların hızla değişmesinde gö-reneğin hiç yeri kalmamıştır: Alışkanlıklar kurumuş buğday taneleri gibi havaya savrulmaktadır.

İnsanlar çaresizlik içinde, iflâs etmiş ekonomik gelenekler ve kurulması gereken uluslararası politik ilişkiler üzerinde düşünmeye başlıyorlar. Uluslar tehlikeler ve karışıklıklar arasından yeni gelişmeler yoluna girmektedirler. Çağımızın bu karışıklıkları bize daha iyi bir dünya hazırlasa bari!

Zamanımızın bu yargısı bir yana, ödevimiz ulu ve dayanıklı varlıklarımız arasında hayata değer veren ne varsa onları korumak ve çocuklarımıza atalarımızdan aldığımız kültür mirasını daha arı ve daha zengin olarak aktarmaktır.

ALBERT EİNSTEİN, İSRAİL DEVLETİ'NİN DEVLET BAŞKANI OLMA TEKLİFİNİ NEDEN REDDETTİ?

Einstein içine kapanık, oyundan hoşlanmayan, geç konuşmuş (bazı rivayetlere göre 4 yaşında) bir çocuktu. Bu yalnızlık döneminin izlerini tüm yaşamı boyunca korudu. Annesi Paulin' in isteği üzerine 6 yaşında keman dersleri almaya başladı. Klasik müzik kültürü, yaşamı boyunca onun için dinlendirici bir uğraş olacaktı.

Cep pusulasının esrarıyla soru sormaya başladı. Bir pusulanın iğnesi neden hep aynı yönde dönüyordu? 4-5 yaşlarında kendisine sorduğu bir soruydu bu. 12 yaşına geldiğinde Pisagor teoremiyle tanıştı ve görünürdeki karmaşıklığa karşın bir dizi olgunun basit bir açıklaması olacağına inanmaya başladı. Liseye yazıldı. Sonra 1894' te babasının işi bozuldu ve aile, İtalya' nın Milano kentine göç etti.

Einstein da Bir Zamanlar Üniversite Sınavını Kazanamamıştı!

Einstein, bir delikanlı olarak pek az zeka umudu verdi. Bir öğretmeni "sen asla bir şey olamayacaksın Eistein" sözleri üzerine katı bir disiplini ve skolastik eğitim uygulayan Alman okul sistemini terk etti. 16 yaşında iken Zürih Teknik Üniversitesi'ne girmek istedi. Ama matematik dışındaki konularda -modern diller, zooloji ve botanik bilgisi- eksik olduğu için üniversiteye alınmadı. Ancak o yılmadı. Bir liseye devam etti, lise diploması aldı, 1896'da Zürih Teknik Üniversitesi' nin fizik ve matematik öğretmeni yetiştiren bölümüne kaydolmayı başardı

Zürih Teknik Üniversitesi, onun düşüncelerini şekillendirdi. Öğrenime başladığı zaman büyük matematikçi Hermann Minkowski ile karşılaştı. Her bilim adamının iyi bir öğretmen olduğu söylenemez. Einstein, Minkowski' nin derslerini pek ilgi çekici bulmadı; ama kuramlarının matematiksel formülasyonunda Minkowski, ona esin kaynağı oldu. Doğrusu, Minkowski de o zamanlar Einstein'i sevmiyordu, çünkü ona "tembel köpek" diyordu.

Einstein, Teknik Üniversiteden 1900'de mezun oldu; İsviçre vatandaşlığına geçti; kısa bir süre öğretmenlik yaptı. Disipline karşı tutumu yüzünden öğrencilerin tarafından çok sevilen, fakat başarısız bir öğretmendi. Einstein Halya'da bir tatilden sonra, eğitimini İsviçre Federal Politeknik Okulu'nda 1901 de tamamladı; çok az derse girdiği halde, bir arkadaşının tuttuğu mükemmel ders notları sayesinde kursları geçmeyi başardı. Einstein akademik bir görev bulamayınca, 1902'de İsviçre' nin Bern kentindeki patent bürosunda memur ("üçüncü sınıf teknik uzman") olarak çalışmaya başladı. Görevi, bürodan onay almak üzere teslim edilmiş birçok icat arasından seçim yapmaktı.

1879- 14 Mart'ta Almanya'nın Ulm kentinde doğdu.

1880- Babası Hermann Einstein elektrik malzemeleri üreten bir fabrikada iş bulduğundan Münih'e taşındılar. Yavaş gelişen, hatta konuşmayı da geç öğrenen Albert, bir katolik okulunda öğrenime başladı. Okulda durgunluk, çekingenlik ve hatta ilgisizlikten başka dikkati çeker tarafı yoktu. Orta öğrenimi de kendisi için çok olumsuz bir hava içerisinde geçti.

1888- Luitpold Lisesine başladı.

1894- Ailesi İtalya'ya giderken kendisi Almanya'da kaldı ve sıkıntıdan okulunu bitiremedi.

1895- İtalya'daki ailesine katıldı, Zürih'teki ETH sınavlarında başarısız olduğundan İsviçre'nin Aarau kentine gitti.

1896- Liseyi Zürih'in Aarau kentinde bitirdi. Zürih'teki ETH'nın (Isviçre Federal Teknoloji Enstitüsü) fizik ve matematik öğretmeni yetiştiren bölümüne yazıldı.

1900- EHT'yi altı tam puan üzerinden 4.91 ortalama ile bitirmesine rağmen başvurduğu hiçbir profesör, ilgisizliği yüzünden Einstein'ı asistan olarak almayı kabul etmemişlerdi.

1901 - İsviçre vatandaşı oldu. Varis ve düz taban oluşunu öne sürerek askerlik yapmayı reddettiğinden geçici olarak öğretmenlik yaptı.

1902 - Üçüncü sınıf teknik uzman olarak 3500 SwFr maaşla Bern Patent Ofisinde göreve başladı. Aynı zamanda Zürihte burslu öğrenciyken gayrimeşru kızı Lieserl doğdu.

1903 - 6 Ocakta Mileva ile evlendi.

1904 - 14 Mayısta ilk oğlu Hans Albert doğdu.

1905 - Einstein'nın harika yılı:

Zürih Üniversitesinde moleküler boyutluluk üzerine doktora tezi kabul edildi. Annalen der Physik dergisinde ikisi özel relativite, biri kuantum teorisi ve biri de Brownian hareketi üzerine olmak üzere 4 makalesi kabul edildi.

1906 - İkinci sınıf teknik uzman kadrosuna terfi etti ve maaşı 4500 SwFr oldu.

1907 - Einstein'nın "hayatımın en mutlu fikri" dediği gravitasyonel alanın ivmelenmeye eşit olduğu yani genel relativite düşüncesini geliştirdi.

1909 - 23 Ekimde Patent ofisinden istifa ederek Zürih Üniversitesinde doçent olarak çalışmaya başladı.

1910 - 28 Temmuzda ikinci oğlu Eduard doğdu.

1911 - Prag'da Alman Üniversitesinde Profesör olarak çalışmaya başladı.

1912 - İsviçreye Profesör olarak geri döndü.

1914 - Aralarında Nernst ve Planck gibi birçok ünlü fizikçinin bulunduğu Berlin'deki Kayzer Wilhelm Bilim Kurumunda Profesör olarak çalışmaya başladı. Ayrıldığı eşi Mileva oğullarıyla birlikte Zürih'e döndü. Einstein bu yüzden bir bekar dairesinde yaşamaya başladı.

1915- Genel relativite teorisini tamamladı. Bu teori ile uzay ve zaman için eski teorileri alt üst eden yeni bir çekim anlayışı ortaya koydu. Aynı zamanda Halkı "Avrupalılara" katılmaya çağıran savaş karşıtı manifestoyu imzaladı.

1916- Birincisi gravitasyonel dalgalar ve diğeri kendiliğinden ve uyarılmış ışığın emilimini içeren 10 makale yazdı. "The Origins of the General Theory of Relativity" dergisini yayınladı. "Alman Fizik Topluluğu"nun Max Plank'tan sonraki başkanı oldu.

1917- Berlinde Kaiser-Wilhelm Enstitüsünün kurucu başkanı oldu. İkizler paradoksu üzerine makale yazdı, kozmolojik sabiti ortaya attı. Aşırı çalışması karaciğer sorunlarına, mide ülserine ve sarılığa yol açtı. Bu hastalıklar yüzünden aylarca yatakta kaldı, bu süre boyunca ona kuzeni Elsa Einstein Löwenthal baktı.

1919- Elsa ile 2 Haziranda evlendi. Mileva ile boşanma anlaşmasına alacağı Nobel Ödülünden alacağı paranın Mileva'ya verileceği şartı yazıldı. Güneş tutulmasını gözleyenler güneşin yıldızlardan gelen ışığı eğeceği öngörüsünü doğruladılar.

1921- Einstein, şöhretinin, Alman hükümetindeki yahudi karşıtı milliyetçiliğin artması ve Kudüs'teki Hebrew Üniversitesine para toplamak amacıyla Amerika'ya gitti. Aynı zamanda Uluslararası Ticaret Birliği kongresine katıldı.

1922- 1921 Nobel Fizik Ödülüne "Teorik fiziğe yaptığı katkılar ve özellikle fotoelektrik olayı bulduğu için" layık görüldü. Para ödülü olan 32000$ 'ın Mileva'ya verilmesini istedi. Birleşik alanlar teorisi üzerine ilk makalesini tamamladı.

1924- Einstein Enstitüsü Potsdam'da kuruldu. Einstein, Bose-Einstein yoğunlaşmasını öngördü.

1927- Kendisine psiko analiz yapılması teklif edildi. "Ricanıza kabul edemedeğim için üzgünüm, ancak analiz edilmemiş olmanın karanlığında kalmaktan çok memnunum."

1927- Brükseldeki 50. Solvay Kongresine katıldı ve Neils Bohr ile kuantum teorisini tartışmaya başladı.

1933 - Nazilerin başa geçmesiyle Almanya'yı terk ederek Prinstondaki "Advenced Study" Enstitüsüne katıldı. Kozmolojik sabiti reddetti.

1935 - Boris Podolsky ve Nathan Rosen ile kuantum teorisine karşı keskin makaleler yazdı.

1936 - Eşi Elsa vefaat etti.

1939 - Bakşan Roosevelt'i atom bombasının tehlikelerine karşı uyarmak için yazılan mektubu imzaladı.

1940 - İsviçre vatandaşlığından ayrılmadan Amerikan vatandaşı oldu.

1944 - 65 yaşında Princeton'dan emekli oldu. 1905 de yazdığı özel relativite makalesini müzayede için yazıya döktü.

1945- Hiroşima'nın bombalandığını duyması üzerine: "Ben kederim" dedi.

1946 - Atomik Bilimadamları Acil Komitesinin başkanı oldu. Dünya devletleri örgütünün kurulması çağrısında bulundu.

1952 - İsrail başbakanı olması için İsrail Başbakanı tarafından teklif edildi ve reddetti.

"İsrail Devleti'nin teklifinden (Devlet Başkanı olma teklifi) çok derinden etkilendim, ve aynı zamanda bu görevi kabul edemeyeceğim için üzüldüm ve utandım. Bütün hayatım boyunca objektif konularla uğraştım, bu nedenle insanlarla ve resmi işlevlerle uğraşacak doğal yeteneğe ve deneyime sahip değilim."

1955 - Halkları nükleer silahlardan haberdar etmek için "Russell-Einstein Manifestosunu" imzaladı.

18 Nisan 1955'de saat 01'de Princeton'da aort yırtılmasından öldü. Beyni Thomas Harvey tarafından çıkartılıp, bedeni krematoryumda yakıldı.

Fiziğe getirdiği yeniliklerle bilimin gözlerini açmasında Einstein hiç kuşkusuz çok önemli bir role sahiptir.

20. YÜZYILIN EN ÖNEMLİ BİLİM ADAMI EİNSTEİN'IN DOĞDUĞU DÜNYA VE GENÇLİĞİ

JEREMY BERNSTEİN

Albert Einstein 15 Mart 1879'da Güney Almanya'da, Suabiya Alplerinin eteklerindeki Ulm şehrinde doğdu. Doğduğu ev olan Bahnhofstrasse 135 Numara, II. Dünya Savaşı sırasındaki bir bombardımanda yıkıldı. Ebeveynleri Iermann ve Pauline Koch Einstein dinlerinin gereklerini sıkı sıkıya uygulamasalar da birer Yahudiydi. Oğulları Albert'e ve iki yıl sonra doğan kızları Maria'va Eski Akit'ten Abraham veya Sarah gibi adlar yerine geleneksel Alman isimleri vermiş olmaları ortodoks Musevilikten uzaklaşmış olduklarını gösteriyor. Yine de üyesi oldukları din, yani Musevilik, Einstein'm doğum belgesinde yazılıydı. Bu bilginin ışığında, Einstein in aynı Alman şehrinde yarım asır önce veya yarım asır sonra doğmasının modern bilim tarihi için ne anlama gelebileceği üzerine fikir yürütmek ilginç olabilir.

Einstein'm doğumundan yalnızca sekiz yıl öncesine yani 1871 yılına kadar Yahudiler tam Alman vatandaşı sayılmıyorlardı; diğer Almanlarla aynı hak ve fırsatlara sahip değillerdi. Hatta yüzyılın başlarında gettolarda yaşamaya ve özel sarı kumaş rozetler takmaya zorlanmışlardı. Bu uygulama Einstein'ın doğumundan yaklaşık 50 yıl sonra Naziler tarafından tekrar uygulamaya kondu. Yahudiler üniversiteye gidemiyor, çok sınırlı sayıda mesleği uygulayabiliyorlardı. Yani, eğer Einstein kadar yetenekli birisi o dönemde bir gettoda doğmuş olsaydı ya fark edilmezdi ya da din bilgini olurdu. 19. yüzyılın ortalarına kadar Avrupa'da Yahudi bilim adamları, en azından çalışmaları geniş çapta tanınan Yahudi bilim adamları yoktur. Bu nedenle Einstein'ın ne annesinin ne de babasının ailesinde bilimsel başarılarıyla öne çıkmış herhangi bir kimsenin kaydının olmaması şaşırtıcı değil.

Tabii diğer yandan eğer Einstein 50 yıl sonra doğmuş olsaydı doğumu Almanya'da Nazilerin yükselişine denk gelecekti ve eğer başka bir ülkeye göç edebilecek kadar şanslı olan az sayıda Yahudiden biri olmasaydı bir toplama kampında ölecekti. Yine de 1932'de Almanya'yı bir daha dönmemek üzere terk etmek zorunda kaldı. Bunun dışında 1879'da doğmak, Isaac Newton'un ve takipçilerinin geleneksel "klasik" fiziğinin yıkılmaya başladığı yüzyılın başında yirmili yaşlarda olmak demekti. Fiziği düzeltmek için bir devrim gerekiyordu ve genelde devrimler, en azından fizik alanundakiler, 30 yaşın altındaki kişiler tarafından yapılır. Yani Einstein tam da olaylara taze bir bakış açısıyla bakabilecek yaştaydı. Yerleşik fizikte kazanacağı ya da kaybedeceği bir şey yoktu.

Einstein ünlendikten sonra Maja takma adlı kardeşi Maria çok yakın olduğu ağabeyiyle ilgili kısa bir yaşamöyküsü yazdı, ikisi de küçükken Einstein'ın ona nasıl göründüğünü anlattı. Zaman zaman "yüzünün solduğu, burnunun ucunun beyazlaştığı ve kendini kaybettiği" huysuzluk krizleri geçirdiğini hatırlıyordu. Küçük Albert'in konuşmaya oldukça geç başladığı konusunda herkes hemfikirdir, ileri yaşlarında Einstein bu konuda asistanlarından birine, iki ya da üç yaşlarında tam cümleler halinde konuşma hevesine kapıldığını ve cümleleri doğru söyleyebildiğine emin olana kadar sesli söylemediğini, kendi kendine sessizce çalıştığını anlatmıştı. Çok az yetişkin konuşmayı nasıl öğrendiğini hatırlayabilir. Ama yetişkinliğe ulaşıp Newton'dan sonraki en büyük bilimsel deha olduğu herkes tarafından kabul edildiğinde Einstein'a zihinsel süreçlerinin diğer insanlarmkinden nasıl bir farkı olduğu o kadar sık sorulmuştu ki, o da bu süreçlerin nasıl geliştiği hakkında uzun uzun düşünmüş olmalı. Konuşmayı nasıl öğrendiğini hatırlamasının ya da hatırladığını sanmasının nedeni büyük olasılıkla budur.

Einstein'm annesi müziği çok seviyordu, bu nedenle çocuklarının ikisine de çok küçükken müzik dersleri aldırdı. Einstein 6 yaşındayken keman çalmaya başladı ve 13 yaşma kadar ders aldı. Çalmanın artık onun için çok zor olduğunu hissettiği ileri yaşlarına kadar düzenli olarak çaldı. Ne kadar iyi bir kemancı olduğu pek açık değil. Her türden ünlü müzisyen ona eşlik etmek istedi ve etti de, ama büyük ihtimalle müzisyen Einstein değil de fizikçi Einstein olduğu için.

Einstein'm müzik merakı ilginç arkadaşlar edinmesini de sağladı. Zengin ve biraz eksantrik bir sanayici olan Belçikalı Ernest Solvay, 1911'den başlayarak Belçika'nın başkenti Brüksel'de ara sıra bazı konferanslar düzenliyor ve bunların masraflarını kendi karşılıyordu. Solvay'm bazı garip bilimsel fikirleri vardı ve büyük ihtimalle yeterli ücreti öderse bir grup seçkin bilim adamını kendisini dinlemeleri için toparlayabileceğini düşünüyordu.

Ama bir araya gelen bilim adamları birbirlerini dinlemeyi tercih ediyorlardı. Einstein'm Belçika Kralı ve Kraliçesiyle tanışması bu toplantılar sırasında oldu.

Onlardan sanki soyadları oymuşçasına "Krallar" diye bahsediyordu. 1950 da Brüksel'den karısına şöyle yazıyordu:

Saat 3'te Krallara gittim ve beni çok duygulandıran bir samimiyetle karşılandım. Bu insanlar az bulunan bir saflığa ve iyiliğe sahip. Önce bir saat kadar konuştuk. Sonra bir ingiliz kadın müzisyen geldi ve dörtlü ve üçlü gruplar halinde çaldık (çalmayı bilen bir nedime de vardı). Bu böyle saatlerce neşe içinde sürdü. Sonra hepsi ayrıldılar ve ben Krallarla tek başıma yemeğe kaldım; vejetaryen usulü, uşakların servis yapmadığı bir yemek. Katı yumurta ve patatesle ıspanak, o kadar. (Yemeğe kalacağım beklenmiyormuş.) Burayı çok sevdim ve bu duygunun karşılıklı olduğuna eminim.

Einstein'm babası Hermann ticarette çok başarılı değildi. Oğlu Albert bir yaşındayken, mühendislik okumuş olan küçük erkek kardeşi Jakob'la bir elektrik mühendisliği ve su tesisatı işi başlatmaya karar verdi. Pauline Einstein'm ailesinin maddi desteğiyle Almanya'nın büyük şehirlerinden Münih'te işe başladılar. Genç Albert yaşamının sonraki on dört yılını burada geçirdi ve ilkokul eğitimini burada aldı. O zamanlar Almanya'da devlet okullarının çoğunun dini bağlılığı vardı. Yahudi okulları, Katolik okulları vb. Ailesi Katolik okulunda daha iyi bir genel eğitim alabileceğine karar verince Einstein oraya gitti. Okulundaki tek Yahudi oy du, ama bu durum onun için bir sorun yaratıyormuş gibi görünmüyordu.

Ancak bu okulların askeri gelenekleri ve genelde de askeri bir ortamları vardı ve bu da Einstein'm başından beri nefret ettiği bir şeydi. Çocukken hiç oyuncak askerlerle oynamamıştı, askeri geçitleri acıma ve küçümseme duygularıyla izlerdi. Yaşamının büyük kısmında bu duyguları korudu. I. Dünya Savaşı sırasında Einstein in savaş karşıtı eylemci olarak başı derde bile girdi. Yalnız 1930'larda Almanya'da Adolf Hitler'in yüksel Usiyle birlikte, onun ancak zorla durdurulabileceği sonucuna ulaştığında fikrini değiştirdi.

Einstein'm Münih'teki yıllarında özel yetenekler göstererek öğretmenlerini etkilediğine dair bir kanıt yok. Birçok büyük kuramsal fizikçi çok küçük yaşlarda, genellikle de matematik alanında dikkate değer bir beceri sergilemiş, örneğin genç yaşta diferansiyel ve integral hesap öğrenmiş veya akıldan aritmetik hesap yapma konusunda üstün başarı göstermiştir, ama Einstein bunlardan herhangi birini yapmışa benzemiyor. Tam tersine ilk öğretmenlerinde özel bir gelecek vaat etmeyen, düş dünyasında yaşayan bir çocuk izlenimi uyandırmıştı. Yine de Einstein bize ilk belirgin bilimsel anılarının o zamanlara dayandığını söylüyor. Einstein şimdilerde birçok bilim adamının yazdığı, evliliklerini, çocuklarını ve hatta aşk ilişkilerini ve bazen de bilimsel çalışmalarını anlattıkları türden bir özyaşamöyküsü yazmadı. İki kez evlendiği, üç çocuğu olduğu ve büyük ihtimalle aşk ilişkileri yaşadığı halde bunların yalnızca kendisini ilgilendirdiğine çok kuvvetle inanmış olmalı ki 67 yaşında özyaşamöyküsel bir deneme kaleme aldığında özel yaşamı hakkında hiçbir şey yazmadı. Evli olup olmadığını bile söylemedi. Deneme neredeyse tamamen bilimsel fikirlerinin temeliyle ilgiliydi. Bilimin Einstein'm yaşamına ne zaman ve nasıl girdiğini bu "özyaşamöyküsü"den öğreniyoruz.

Bu denemede Einstein bize bilimle ilgili iki tane belirgin çocukluk anısını anlatıyor. Daha sonra yapacağı bilimle oldukça ilgililer. Bu anıları onda yarattıkları merak duygusu bakımından anlatıyor. "Merak" burada çok önemli bir sözcük. Çevremizdeki doğada gözlemlediğimiz şeyleri hepimiz merak ederiz. Bulutları yukarıda tutan nedir? Neden mevsimler vardır? Suyu kaynatan, bitkil eri yeşil, gökyüzünü mavi yapan nedir? Bilim insanını diğerlerinden ayıran şey, onun bu gibi soruların yanıtlarını bilmemeye dayanamamasıdır. Böyle bir kişi sorusu yanıtlanana kadar bütün gece -hatta birçok gece-uykusuz kalabilir. Einstein bu dürtüyü o kadar yoğun hissediyordu ki ondan "meraktan kaçış" olarak bahsediyordu. Yani bilim insanının meraktan (bir şeyi anlayamama duygusundan), bir bilim insanı için ürkütücü hatta korkunç olan ve ancak o şeyi anlayınca geçen duygudan kaçması.

Einstein'm ilk bilimsel anısı beş yaşlarındayken babasının ona bir pusula göstermesiyle ilgili. Pusulanın iğnesine hiçbir şey dokunmuyor gibi göründüğü halde iğnenin nereyi işaret etmesi gerektiğini "bilmesi" gibi, görünüşte garip bir olguyu betimlerken şöyle yazıyor: "iğnenin bu kadar kararlı bir şekilde hareket etmesi, bilinçaltı ndaki kavramlar dünyasındaki olayların doğasına uymuyordu."

"Bu deneyimin bende derin ve kalıcı bir etki yaptığını hâlâ hatırlıyorum ya da en azından hatırlayabildiğimi sanıyorum.

Olayların ardında, derinlerde gizli bir şey olmalıydı..." diye devam ediyor. Böjde bir deneyim büyüden farklı olacaksa, bilim insanı onun neden olduğunu ve bizim için daha tanıdık olan şeylerle nasıl bir bağlantısı olduğunu bulmak zorundadır. Einstein'm ilk bilimsel anısının manyetizmayla ilgili olması dikkat çekici, çünkü yıllar sonra görelilik kuramının kazandığı başarılardan biri manyetizmanın ve elektriğin aslında elektromanyetizma adı verilen tek bir olgu olduğunu göstermesiydi.

Ama Einstein bu deneyimi yaşadığı sırada modern elektromanyetizma kuramı da kendi çocukluk çağm-daydı. 25 yıl önce büyük İskoç fizikçi James Clerk Maxwell tarafından geliştirilmişti ve Einstein yüzyılın sonunda bilimsel eğitim alırken elektromanyetizma hâlâ o kadar yeni ve o kadar az insan tarafından anlaşılabilen bir kavramdı ki, okullarda öğretilmiyordu bile. Einstein bu konuyu kendi kendine öğrenmek zorunda kaldı.

Einstein in anımsadığı ikinci bilimsel deneyim oldukça farklı bir yapıda. Geometriyle ilgili ve o 12 yaşındayken olmuş. Einstein o sırada ilkokuldan Gymnasium'3 olarak bilinen okula geçmişti. Bu okul aslında bir liseydi, ama eğitim düzeyi çok yüksekti. Gymnasium öğretmenlerinden bazıları kitap yayımlamış veya önemli bilimsel deneyler gerçekleştirmiş bilim adamlarıydı. Einstein Münih'te Luitpold Gymnasium adında, ilkokulundan bile daha fazla askeri disipline sahip görünen bir Katolik okuluna gidiyordu. Hepsi erkek olan sınıf arkadaşlarıyla çekilmiş bir fotoğrafta bütün öğrenciler üniformalı. Askeri bir okul da olabilirmiş pekâla. Einstein ilkokulunda öğretmenlik yapan "çavuşlara" karşılık, buradaki öğretmenlerinden "teğmenler" diye söz ediyor. Fotoğrafta yüzünde yapmacık bir gülümseme var ve öğretmenlerini çıldırtabilecek bir oğlan çocuğu gibi görünüyor. Bu da gerçekten çok uzak değil.

Bu ilk bilimsel deneyimleri edindiği sırada Einstein popüler bilim kitapları okumaya başlamıştı bile. Bunları kendisine Max Talmud adında, Rusya'dan gelen fakir bir Yahudi öğrenci tavsiye etmişti. Einstein'ın ailesi biçimsel açıdan çok dindar olmamakla beraber, Yahudilerin fakir bir öğrenciyi yemeğe davet etme geleneğini uyguluyorlardı. Talmud'u da her perşembe öğle yemeğine davet ediyorlardı. Talmud'un Einstein'a tavsiye ettiği kitaplar arasında Doğa Bilimleri Üzerine Popüler Kitaplar adlı bir dizi kitap yazmış olan Aaron Bernstein'm da birkaç kitabı vardı. Talmud ve Einstein bu kitapları tartışarak saatler geçiriyorlardı.

Bunun yanı sıra, amcası Jacob Einstein'ın matematiğe gittikçe artan ilgisini destekliyor ve çözmesi için ona sık sık cebir ve geometri problemleri veriyordu. Bu problemlerden biri, düzlem geometrisinde bir dik üçgenin iki kenarının karesinin toplamının hipotenüsün karesine eşit olduğunu ifade eden Pythagoras teoreminin ispatıydı. Daha sonra amcası Einstein konuyu daha iyi an laya bilsin diye ona geometri hakkında bir kitap verdi. Daha sonraları Einstein şöyle yazdı: "12 yaşında, okul yılının başında elime geçen Eukleidesçi düzlem geometri siyi e ilgili bir kitapçıkla birlikte, tamamen farklı ikinci bir "merak" yaşadım. Bu kitapçıkta öyle iddialar vardı ki -hiç aşikâr olmamalarına rağmen- herhangi bir şüpheye yer bırakmayacak kadar kesinlikle kanıtlanabiliyorlardı. Bu açıklık ve kesinlik benim üzerimde anlatılamayacak bir etki bıraktı. Aksiyomun kanıtlanmadan kabul edilecek olması beni rahatsız etmedi. Geçerliliği kuşkulu görünmeyen önermelere kanıtlar bulabilirdim..."

Burada Einstein muhtemelen hepimizin geometri hakkında düşünmüş olabileceği bir şeyden bahsediyor. Herhangi iki noktayı bir çizgiyle birleştirebilmemiz ya da tüm dik açıların birbirine eşit olması gibi birkaç görünüşte apaçık önermeden -aksiyomdan- yola çıkarak, dikkate değer teoremler ispatlayabilme olgusunun şaşırtıcılığı. Onları geometri önermelerinin yapıtaşları olarak kabul etmeliyiz. Einstein bunu Pythagoras teoreminde de uygulamaya çalıştığını anlatarak devam ediyor. Şöyle diyor: "Kutsal geometri kitapçığı elime geçmeden önce, amcamın [Jakob'un] Pythagoras teoremini bana anlattığını hatırlıyorum. Epey çabaladıktan sonra, bu teoremi üçgenlerin benzerliği temelinde 'ispatlamayı' başardım; bunu yaparken dik açılı üçgenin kenarları arasındaki ilişkinin tamamen dar açı kirden biri tarafından belirleniyor olması gerektiği bana 'aşikâr' görünüyordu. Yalnızca buna benzer şekilde 'aşikâr' olmayan bir şey bence kanıt gerektiriyordu..." 27.-29. sayfalarda Einstein'ın ispatının ne olmuş olabileceği gösteriliyor; ama bu yalnızca bir tahmin, çünkü kendisi daha fazla ayrıntı vermiyor.

Hermann Einstein 1894'te Albert hariç tüm ailesini italya'ya, Milano şehrine taşıdı. Münih'te işler pek iyi gitmemişti ve firmanın İtalyan temsilcisi Einstein kardeşlerin şanslarını İtalya'da denemelerini önermişti. Albert Gymnasium eğitimini bitirmek için Münih'te kaldı. Uzak bir akrabanın işlettiği bir pansiyonda kalıyordu. Artık okulun ortamı Einstein'm sinirlerini iyice bozmaya başlamıştı. Bazen Einstein'm kötü bir öğrenci olduğu söylenir. Oyle değildi. Aslında mükemmel bir öğrenciydi; belki sürekli sınıf birincisi değildi, ama çok iyi notlar alıyordu. Fakat çok saygılı bir öğrenci değildi ve öğretmenleri de bunu anladılar.

Sonuçta Einstein Münih'te tek başına altı ay yaşadıktan sonra kaçmaya karar verdi. Bir doktordan ruhsal bunalım geçirmekte olduğuna dair bir yazı almayı başardı. Bir matematik öğretmeninden de üstün matematik bilgisinin onu daha ileri düzey çalışmalara hazırlamış olduğunu belirten bir yazı aldı. Ama bunların hepsi bir öğretmen tarafından çağırılıp okuldan ayrılmasının istendiği bildirilince resmileşti. Nedenini sorduğunda "Sınıftaki davranışlarınız diğer öğrencilere kötü örnek oluyor." cevabını aldı. Öğretmenin ne demek istediğini anlamak için Einstein'm sınıfıyla çektirdiği fotoğrafa bakmak yeterli. Ama bu Einstein'm işine geldi. Eğer bütün yıl okula devam etseydi askere alınacak kadar büyümüş olacaktı.

MODERN ZAMANLARIN EN ÜNLÜ BİLİM İNSANI ALBERT EİNSTEİN'İN EN GÜZEL BULUŞU

JEREMY BERNSTEİN

Bir su çözeltisinde biraz şeker erittiğinizi düşünün. Şeker molekülleri suyla bir dengeye ulaşana kadar suyun içine yayılacaklar. Şeker ve su düzgün bir şekilde karışmış olacak. Şeker moleküllerinin suyun içinde yayılması, çözeltiye ince bir levha daldırılıp şeker moleküllerinin dağılırken bu levhaya çarpması sağlanarak ölçülebilen bir basınç yaratacak.

Einstein bu süreçle ilgili olarak, çözeltideki şeker moleküllerinin hem büyüklüğünü hem de sayısını tahmin etmesine olanak veren bir kuram üretti. Bir maddenin bir "mol"ündeki (bir maddenin bir molekülünün gram cinsinden ağırlığına eşdeğer nicelik) molekül sayısına Avogadro sayısı denir. Bu sayı adını, 1811'de sabit bir sıcaklığa ve basınca sahip belirli bir hacimdeki herhangi bir gazın, aynı koşullardaki aynı hacme sahip herhangi bir başka gazla aynı sayıda molekül içereceğini tahmin eden italyan bilim adamı Amedeo Avogadro'dan alır.

Genelde kısaca N denen Avogadro sayısı kesin olarak 6,0220×1023 olduğu bilinen bu rakam herhangi bir maddenin bir molünde ne kadar çok molekül olduğunu gösterir. Einstein.'m bu sayıyla ilgili olarak 1906'da yayımladığı ilk makalede bir hesap hatası vardı; bu yüzden sadece 2,1×1023 gibi bir sonuç elde etmişti. Birkaç yıl sonra bu hatayı düzelttiğinde elde ettiği sayı, deneylerden elde edilen sayıya daha yakındı. Einstein, Temmuz 1905'te yaptığı hesabı içeren makaleyi Zürich Üniversitesi dekanına doktora tezi olarak sundu. O zamana kadar 20. yüzyıl fiziğinin büyük bir kısmını oluşturan görelilik ve kuantumla ilgili makaleler yazmıştı. Doktora derecesi alması, yani hâlâ öğrenci olduğu düşüncesi insana saçma geliyor. Ama o zaman da şimdi olduğu gibi bilim alanındaki ciddi araştırmacıların bu dereceyi alması bekleniyordu. O zaman da ve şimdi de âdet olduğu üzere, Einstein'm tezi üniversitedeki kıdemli bir profesör tarafından okundu; Alfred Kleiner adında biri tarafından. Kleiner Einstein'm Avogadro sayısıyla ilgili hesabındaki hatayı fark etmedi ve tez onaylandı.

Kleiner oldukça kısa sürede Einstein'm sıradan bir fizik öğrencisi olmadığını anlamış olmalı. Hemen Einstein'ı Zürich Üniversitesi'ne getirmek için uğraşmaya başladı. Einstein 1906 yılında patent bürosunda yılda 4500 isviçre Frangı maaşla ikinci derece teknik uzmanlığa terfi etti. "Boş zamanlarında" bir de katı maddelerin modern kuantum kuramını kuran bir makale yazdı. Bu makalede Einstein katıların ısıyı nasıl soğurduğu konusunu ele aldı. Getirdiği yenilik, katıdaki elektronları radyasyon yerine ısı enerjisini emen mekanik kuantum osilatörler olarak, yani enerjiyi -bu durumda soğurulan ışınım değil de ısı enerjisiydi- kuantum birimleri halinde alıp veren "yaylar" gibi hayal etmekti. Bu fikir deneylerle büyük ölçüde uyuşan bir kuram ortaya çıkardı ve birçok fizikçiyi kuantum kuramının ilgijri bak ettiğine ikna etti.

Kleiner'in Einstein'ı Zürich'e getirme stratejisi biraz

dolaylıydı. O zamanlar Avrupa üniversitelerinde Privutdozenf denilen düşük bir kadro vardı, bir tür özel öğretmenlik gibiydi. Privatdozent olarak seçilen kişilere üniversitede ders verme hakkı verilirdi ve ücretleri de derslere katılan öğrenciler tarafından ödenirdi. Üniversite hiçbir şey ödemezdi. Alınan ücret o kadar düşüktü ki kimse o parayla geçinemezdi, ama gerçek bir akademik işe girmek için kural gereği herkesin bu yoldan geçmesi gerekirdi. Kleiner Einstein'm Bern Universitesi'nde Privatdozent olmasını istiyordu; orada işler yolunda giderse Einstein'ı Zürich'e getirebileceğini düşünüyordu. Ama başlangıçta işler iyi gitmedi. Aslında hiçbir ilerleme olmadı.

Bir sebeple Einstein işi alabilmesi için gereken şeylerden birini yerine getiremiyordu. Adaylar henüz yayımlanmamış özgün bir çalışma sunmak zorundaydı. Bu görünüşte gereksiz koşulun nedeni pek açık değil. Einstein'a da anlamlı gelmemiş olmalı ki bu koşulu iki yıl boyunca yerine getirmedi. Bu arada patent bürosundaki işinin yanı sıra lise öğretmenliği yapma fikriyle ilgilendiğini de belirtmişti. Ama sonunda, 1908'de gerekli belgeyi sundu ve bir yandan aslında ailesinin geçimini sağlayan patent bürosundaki işine de devam ederken Zürich Üniversitesi'ne Privatdozent olarak atandı.

İnsan Einstein'ın en azından ortalama öğrenci seviyesinde çok iyi bir öğretmen olmadığı izlenimine kapılıyor. Bu dönemde standart konular hakkında ders hazırlayamayacak kadar özgün fikirlerle doluydu. Aslına bakılırsa, bu derslerde öğretilenlerin çoğunun kendi çalışmalarının eski moda kıldığı, yanlış şeyler olduğunu fark etmiş olmalı. Bir ara Kleiner Einstein'm Bern'deki bir dersine girdi ve dersi biraz fazla ileri düzey bulduğunu söyledi. Einstein Kleiner'a kendi işine bakmasını, zaten Zürich'e profesör olarak atanmayı istemediğini söyledi. Neyse ki Kleiner ısrar edecek kadar sağduyuluydu ve 1909'da Einstein yılda 4500 isviçre frangı maaşla -o zaman istifa ettiği patent bürosunda aldığı maaşın aynısı- Zürich Üniversitesi'ne doçent olarak atandı. 1909'dan yaşamının sonuna kadar Einstein hep şu veya bu kurumda profesör olarak çalıştı, ama patent bürosundaki yıllarını hep yaşamının en mutlu ve özgür günleri olarak andı.

Gerçekten de Einstein "yaşamımın en güzel buluşu" dediği fikri 1907'de patent bürosunda çalışırken bulmuştu. Önce size bu fikrin ne olduğunu anlatacağım, ilk başta görünüşteki basitliğine ve herhangi bir şeyle alakasız oluşuna, sonra da derinliğine şaşıracağınızı düşünüyorum. Einstein'm sonradan anlattığı üzere, çatıdan düşen bir kişinin imgesini içerdiği için baştan pek güzel bir düşünce gibi gelmiyor. Farz edin ki bir evin çatısını boyuyorsunuz ve boyalarla ve fırçalarla beraber kayıp düşüyorsunuz. Kısa süre sonra yere çarpacağınız ve o zaman da deneyin sona ereceği gerçeğini görmezden gelir ve havanın direncini ihmal ederseniz, sizinle beraber çatıdan düşen bütün eşyaların sizinle aynı hizayı koruduğunu göreceksiniz. Bunun nedeni Dünya yüzeyinin biraz yukarısında bir noktadan kütleçekiminin etkisine giren her cismin, hava direncini ihmal edersek, hep aynı ivmeyle düşecek olmasıdır. Bu ivme saniyede 9,8 metre bölü saniye çıkar. Bu ifade iki tane "saniye" içeriyor, çünkü ivme uzaklığın değişme oranı olan hızın değişme oranıdır.

Bunu vurgulayan ilk insan Galileo'ymuş gibi görünüyor. Galileo bunu kanıtlamak için Piza Kuleşinden bazı cisimler atarak deney yaptığını iddia etmişti. Bunun bir düşünce deneyi olmuş olması daha büyük ihtimal.

Newton'un kütleçekimi kuramına göre, bu düzenli ivmelenme şu şekilde anlaşılabilir. Dünya yüzeyindeki m kütleli her cisim, Newton'un ünlü denkleminde belirtildiği gibi» M kütlesine ve R yarıçapına sahip olan Dünya tarafından üretilen kütleçekimi kuvvetinden etkileniyor.

Burada G Newton'un evrensel kütleçekim sabiti, kendine has birimleriyle değeri şu: G=6,6720×1011 metre küp bölü saniye bölü saniye bölü kilogram. Ama aynı zamanda Newton'a göre, a'nm kütlesi m olan cisme uygulanan kuvvetin yarattığı ivme olduğu durumda, F=ma. (Newton'a göre doğru sayılan ikinci formüldü.)

Bu denkleme Dünya'nm yarıçapını (6,37×106 metre) ve kütlesini (5,98×1024 kilogram) eklerseniz, daha önce Dünya'nm yüzeyine yakın bir noktadan düşen cisimlerin ivmelenme hızı olarak verilmiş olan 9,8 metre bölü saniye bölü saniyeyi elde edersiniz.

Burada açıklanması gereken iki nokta var. Birincisi, burada yaptığımın pek doğru olmadığı. Bu denklemde Dünya'nm yarıçapını kullandım. Aslında şanssız boyacının Dünyanın yüzeyine uzaklığı düşüşü boyunca hep değişiyor. Ama bu değişiklik Dünya'nm yarıçapına göre çok küçük, bu yüzden onu ihmal ettim, ikinci nokta gerçekten önemli ve Einstein'ın "en güzel buluşu'yla ilgili.

Fazla düşünmeden, mMG/R2=ma denkleminin her iki tarafındaki m kütlesini sildik. Ama Einstein m'nin bu iki kullanımının oldukça farklı anlamları olduğunu fark etti. Denklemin sağ tarafındaki, yani ma tarafındaki m, bir cismi belirli bir kuvvet uygulayarak ivmelendirmenin ne kadar zor olduğunun ölçütü. Cismin "eylemsizliğinin" bir ölçütü. Bu yüzden Einstein buna "eylemsizlik kütlesi" dedi. Ama denklemin diğer tarafında, yani kuvvet tarafında yer alan TJİMG kombinasyonundaki m kütlesi, kütleçekimin gücünün ölçüsü. Bu yüzden Einstein buna "kütleçekim kütlesi" dedi. Hava direncini ihmal edersek cisimlerin Dünya yüzeyine aynı ivmeyle düştüğü gerçeği, eylemsizlik kütlesinin ve kütleçekim kütlesinin aynı olduğu ve dolayısıyla denklemde birbirlerini götürdükleri gerçeğini yansıtıyor. Einstein eylemsizlik kütlesinin ve kütleçekim kütlesinin eşdeğer olma olgusuna "eşdeğerlik ilkesi" adını verdi. Büyük ihtimalle Macar fizikçi Baron Roland Eötvös'ün o sıralar deneysel olarak bu iki kütlenin yüz milyonda birlik bir hata payıyla eşit olduğunu kanıtladığını bilmiyordu. Günümüzde ikisinin yüz milyarda birlik bir hata payı içinde eşit olduklarını biliyoruz. Peki Einstein bımdan ne sonuç çıkardı?

Bu konuya girmeden önce, Einstein'ın 1905 tarihli görelilik makalesinde ne ivmeyi ne de kütleçekimini ele aldığını belirtmek gerek. O makale birbirlerine göre sabit bir hızla hareket eden sistemlerle sınırlıydı. Tren örneğimizde eğer tren ivme kazanmaya başlarsa bunu anlıyoruz. Eğer dikkatli olmazsak ivme yüzünden yere yapışabiliriz. Bu anlamda ivmeli hareketler "mutlak" görünür. "Özel" görelilik kuramı -Einstein'ın kuramının 1905'teki hali böyle anılır- böyle hareketlere uygulanmıyor. Dahası, 1905 makalesi elektrodinamik üzerine kurulu ve aslında adı da "Hareketli Cisimlerin Elektrodinamiği". En önemli yönlerinden biri elektriği ve manyetizmayı birleştirmesi. Yani hareketsiz durumdaki bir elektron karşıt yüklü bir cismi sadece elektriksel bir kuvvetle çekerken, aynı elektrona sabit hızda bir hareket verilirse hem elektrik hem manyetik kuvvet özellikleri gösterir. Hepimizin aşina olduğu bu türden bir "elektromıknatıs", hareket eden elektronların manyetizmasından yararlanır. Bütün bu elektronları hareketsiz hale getirirsek bu manyetik etki kaybolur. Bu iki kuvvet elektromanyetizma dediğimiz kuvvetin değişik görünüşleridir. Einstein'dan önce de, hareket halindeki yüklerin manyetik alan oluşturduğu bilinen bir şeydi. Ama 1905 tarihli makale bu ilişkileri anlaşılır hale getirdi.

Kütleçekimi bu düzene uymuyor. Hareket haliyle bariz bir ilişkisi varmış gibi durmuyor. Ama eşdeğerlik ilkesi böyle bir bağlantı olduğunu ortaya çıkarıyor. Bize Dünya yüzeyinin yakınından 9,8 metre bölü saniye bölü saniye ivmeyle düşmekte olan cisimlerin kütleçekimi kuvvetini hissetmediklerini söylüyor. Çatıdan düşen boyacının ayağına bir terazi bağlı olduğunu düşünelim. Çatıdan düşmeden önce tartı 80 kilogramı gösteriyor olabilir, ama boyacı ve tartı düşmeye başladıkları anda 0 kilogramı gösterecek! Boyacı artık ağırlıksız.

Bu düşünce yıllar sonra olayı şöyle anlatan Einstein'ı çok etkilemişti:

"Bern'deki patent bürosunda bir sandalyede oturuyordum ki bir anda aklıma bir fikir geldi: 'insan serbest düşüş halindeyken kendi ağırlığım hissetmez'. Birden irkildim. Bu basit fikir üzerinde derin bir etki bıraktı. Beni kütleçekimi kuramına yöneltti."

"Einstein asansörü" olarak bilinen örneği ele alırsak, Einstein'ın fark ettiği şeyin -ve eşdeğerlik ilkesinin- ne demek olduğunu kavramaya başlayabiliriz. Uzayda kapalı bir kutudan oluşan hayali bir asansör bu. Asansöre bir kabloya bağladığımızı farz edelim.

Şimdi kabloyu çekerek asansörü yukarı doğru 9,8 metre bölü saniye bölü saniye kadar ivmelendirirsek, asansörün tabanı asansörün içindeki cisimlere doğru ivme kazanacaktır. Asansörün içindeki bir kişi, zemine doğru asansörün tabanının yukarı doğru ivmesi olan 9,8 metre bölü saniye bölü saniye ivmeyle düşüyormuş gibi hisseder.

Ama eşdeğer bir açıklamayı "asansörün" Dünyanın yüzeyinde hareketsiz olduğu durum için de yapabiliriz. Bu sefer onu yukarı çeken hiçbir şey yok, ama kütleçe kimi her şeyi aşağıya çekiyor. Cisimler asansörün tabanına 9,8 metre bölü saniye bölü saniye ivmeyle düşüyor. Bu durumu önceki durumdan ayırt etmenin bir yolu yok. Aynı olguyu tanımlamanın iki eşdeğer yolu var. Bu nedenle eşdeğerlik ilkesi de bir tür görelilik ilkesi, ama ivmeyi ve kütleçekimini de kapsıyor.

Einstein'dan daha zayıf bir fizikçi buraya kadar gelebilirdi, ama bir sonraki adımı yalnızca Einstein gibi bir fizikçi atabilirdi. Einstein, eşdeğerlik ilkesinin kütleçe-kiminin uzayı ve zamanı değiştirdiğini gösterdiğini anladı. Önce zamanla başlayalım. Siren çalarak ilerleyen taşıtların bulunduğu şehirlerde yaşayanlarımız, bu araçlardan biri bize doğru yaklaşırken sirenin sesinin tizleştiğini gözlemiştir. Araç bizden uzaklaşırken de sirenin sesi pesleşir. Bu ses dalgalarında Doppler kaymasıdır.

Işık dalgalarında da Doppler kayması görülür. Bunun en heyecan verici örneği evrenin kendisinin genişlemesinde görülür. Uzak galaksilerden bize doğru gelen ışığın dalga boyu kırmızıya kayıyor. Dalga boyu daha uzun görünüyor. Bunu galaksiler bizden uzaklaşıyor diye yorumluyoruz. Yalnızca birkaç yakın galakside maviye kayma var. Eğer bütün galaksiler maviye kayşaydı bu evrenin çökmekte olduğu anlamına gelirdi! c ışık hızının simgesiyken, c'ye göre düşük hızlar için, hareket eden bir cismin yaydığı ışığın dalga boyundaki kaymanın, aynı cismin hareketsizken yaydığı ışığın dalga boyundaki kaymaya oranının v/c olduğu gösterilebilir (belki fizik derslerinde bunu görmüşsünüzdür). Işık için Doppler kayması durumunda, X hareketli cismin yaydığı ışığın dalga boyu ve A, de cismin hareketsizken yaydığı ışığın dalga boyu iken: Galaksilerin kırmızıya kaymasını bizden uzaklaşma hızlarıyla ilişkilendirirken kullanılan temel denklem budur.

Dünyaya dönersek, Einstein asansörümüzde tabanın üzerinde havada asılı duran ve tabana doğru ışık kuantumları yayan bir atomumuz olduğunu hayal edelim. Her ışık kuantumunun dalga boyu A.. Eğer asansör boş uzaydaysa ve ivmelenmiyorsa, gelen ışık kuantum kırının dalga boylarını ölçmek için asansörün tabanına kurulmuş bir aletin göstereceği dalga boyu budur. Şimdi ışık kuantumları yayılırken asansörün 9,8 metre bölü saniye bölü saniye ivmeyle yukarı doğru ivmelendirildiğini düşünelim. Asansörün tabanı ışık kaynağına göre hızlandığı için, Doppler kayması yüzünden ışık kuantumları maviye kaymış görünecektir. Işık kaynağı bize doğru yaklaşıyor. Ama eşdeğerlik ilkesi bize bu durumun yerine, Dünya'nın yüzeyinde durmakta olan ve Dünyanın kütleçekim alanında olan bir asansör düşünebileceğimizi söylüyor. Bu durumda da ivmelendirilmiş asansörde gözlemleyeceğimiz maviye kaymayla eşit miktarda maviye kayma gözlemleriz. Yani kütleçekimi ışığın rengini değiştiriyor! Ama bir ışık dalgası -frekansının bir saat gibi davranması açısından- bir tür saat gibidir. Bir kütleçekimi alanındaki saatler, hiç kütleçekimi olmayan bir ortamdaki saatlerden farklı davranır.

Einstein, bu olağanüstü düşünceyi ağır yıldızların yaydığı ışığı araştırarak sınayabileceğini düşündü. Işık yıldızın kütleçekimi alanından çıktıkça kırmızıya kaymalıydı. Ama bu ortam yıldızın ışığının frekansını değiştirebilecek başka etkenler içermesi bakımından çok karmaşık olduğu için, yıldızlarda bu etkiyi ayırt etmek çok zordu. Einstein'ın kütleçekiminin zamanın yapısını değiştirdiği fikrine en iyi kanıt, yoğun bej^az cüce yıldızlardan gelir ve genel olarak Einstein'ın öngörüleriyle uyuşur.

Ama 1960'larm başında fizikçi R. V. Pound ve Har-vard'daki meslektaşları Einstein'ın kütleçekimsel ışık kaymasını doğrudan gösteren bazı deneyler yaptılar. Harvard'daki

Jefferson Laboratuvarı'nm 22,5 metre yüksekliğinde bir kulesi vardı. Kulenin tepesinden ışık gönderilip aşağıda gözlemlenebiliyordu. Pound'un deneyi, kulenin tabanının Dünya'nın merkezine kulenin tepesinden 22,5 metre daha yakın olmasından ve bu nedenle kütleçekiminin kulenin tabanında tepesinde olduğundan birazcık daha kuvvetli olmasından yararlandı. Deneyde kullanılan ışık kuantumları radyoaktif bir demir türünden yayılıyordu. Kuram bu ışıkta çok küçük bir maviye kayma olacağını öngörüyordu; 1015'te iki birim kadar bir maviye kayma. Deneyi yapanlar bunu ölçmeyi başardı ve böylece Einstein'm fikrini doğruladılar.

Kütleçekiminin uzayın geometrisini nasıl değiştirdiğini görmek için yine Einstein asansöründen faydalanabiliriz. Bu sefer ışığın asansörün bir tarafından girip diğer tarafından çıktığını düşünelim.

Bir kez daba asansörün yukarı doğru ivmelendiğini hayal edelim. Böylece ışık asansörü terk ettiğinde tabana asansöre girdiğinde olduğundan daha yakın olacak.

Uygulamada asansörden geçen ışık tabana doğru eğrilmiş gibi görünüyor. Yine eşdeğerlik ilkesine göre bu senaryoyu Dünya'nm yüzeyinde, kütleçekim alanının içinde duran bir asansöre uyarlayabiliriz. Işık önceki kadar eğri olacak. Kütleçekimi ışığı eğiyor. Az önce öğrendiğimiz şeyin sonucunu "kütleçekimi olduğu durumda, ışığın bir noktadan diğer bir noktaya gitme süresini en aza indiren düz çizgiselyol 'eğridir'" diyerek ifade edebiliriz. Ama bunu ancak bir şekilde kütleçekimini yok edebilirsek bilebiliriz. Bu etkiyi gözlemlemek için üç ışık ışınından bir üçgen oluşturabiliriz -en azından zihnimizde. Sonra bu ışınların birbirleriyle yaptığı açıları, yani üçgenimizin iç açılarını ölçebiliriz. Kütleçekiminin olmadığı durumda bu açıların toplamının 180 derece olduğunu -Eukleides geometrisindeki o ünlü sonuçu buluruz. Ama kütleçekiminin olduğu durumda bu toplamı 180 derece olarak ölçelemez. Çünkü o zaman uzay "Eukleidesçi olmayan" uzay olur. Üçgenimizin açılarının toplamı, hangi Eukleidesçi olmayan geometriyi kullanıyorsak o geometriye göre, 180 dereceden fazlaya da 180 dereceden az olabilir. Uzayın yapısı geometrisine göre belirlendiğine göre, Einstein'la beraber biz de kütleçekiminin uzayı "eğdiğini" söyleyebiliriz.

Einstein 1907'de eşdeğerlik ilkesiyle ilgili birkaç şey yayımladı, ama 1911'de "Kütleçekiminin Işığın Yayılmasına Etkileri Üzerine" adlı çok güzel bir kısa makale yayımlayana kadar bu ilkenin deneysel olarak sınanması konusunda bir şey önermedi. Bu arada özel yaşamında birçok değişiklik olmuştu. Daha önce gördüğümüz gibi 1909'da üniversitede doçent olarak Zürich'e taşındı. Ertesi yıl "Tede" ya da "Tedel" olarak bilinen ikinci oğlu Eduard doğdu. Bu talihsiz çocuk doğumundan itibaren psikolojik sorunlar yaşamışa benziyor. Bunun Einstein'da yarattığı üzüntü 1917'd e Tede altı yaşındayken Michele Besso'ya yazdığı bir mektuba yansıyor: "Küçük oğlumun durumu beni çok endişelendiriyor. Bir gün herkes gibi olma ihtimali hiç yok. Kim bilir, belki de yaşamı tanımadan bu dünyayı terk etmesi onun için daha iyi olurdu." Bir babanın oğlu hakkında böyle yazmasının ne demek olduğunu düşünebiliyor musunuz? Tede yaşamını akıl hastanelerine girip çıkarak geçirdi ve sonunda 1965 yılında İsviçre'de bir hastanede öldü.

Zürich Üniversitesi'nde yalnızca bir yıl geçirdikten sonra Einstein Prag'daki Alman Üniversitesi'nde profesörlüğe atandı. Ernst Mach da çalışma hayatının büyük bölümünü orada geçirmişti. Bu Avusturya-Macaristan imparatoru Franz Joseph'in onaylaması gereken çok önemli bir atamaydı. Yemin töreninde yeni profesörün amiral üniformasını andıran özel bir kıyafet giymesi gerekiyordu. Philipp Frank Einstein'ın yerine Prag'a geldiğinde, Einstein yemin töreni için kendi üniformasını ona verecekti. Einstein epeyi iri, Profesör Frank ise ufak tefek olduğuna göre üniforma Frank'e pek de iyi uymamış olmalı.

Profesör Frank Einstein'ı Prag'daki ziyaretlerinden birini sık sık anlatırdı. Einstein'ın ofisi, içinde gölge veren ağaçlar ve güzel bir bahçe olan bir parka bakıyordu. Einstein gün boyu parkta çeşitli türden hararetli tartışmalar yapan gruplar, bazen de kendi kendilerine konuşan insanlar görüyordu. Sonradan o yerin bir akıl hastanesi olduğunu ve o insanların da kapatılmaları gerekmeyen hastalar olduğunu öğrendi. Bunu Profesör Frank'e anlattı ve şöyle dedi: "İşte bunlar da zamanlarını kuantum kuramım düşünmekle geçirmeyen deliler."

Bir yıl sonra Einstein Zürich'te kendi okuduğu okul olan ETH'den aldığı teklifi kabul etti. Taşınma nedenlerinden biri belki de Mileva'yla evliliğindeki gerginliklerdi. Einstein ortam değişikliğinin evliliğini kurtarmaya yardım edeceğini düşünmüş olabilir. Dışarıdan bakan biri için bir evliliğin tam olarak neden bozulduğunu anlamak her zaman zordur. Profesör Frank Einstein'la Mileva'yı beraber görmüştü; onlar hakkındaki yazıları Mile-va'yı soğuk ve tepkisiz bulduğu, ondan pek hoşlanmadığı izlenimini veriyor. Ama Mileva'yı tanıyan bazı insanlar buna şiddetle karşı çıkıyorlardı.

YÜZYILIN DEHASI OLARAK DA ANILAN ÜNLÜ FİZİKÇİ ALBERT EİNSTEİN MİRASI

JEREMY BERNSTEİN

Einstein 1955'in Nisan ayında öldüğünde dünyanın her yerinde kaybından dolayı üzüntü hissedildi. Adı 20. yüzyılın önemli olaylarından -hem bilimsel zaferlerinden hem de trajedilerinden (atom bombası ve Avrupa'daki Yahudilerinin katledilmesi gibi)- ayrı düşünülmüyordu. Einstein'ın fotoğrafları insanların aile üyelerinden birinin fotoğrafı kadar tanıdık hale gelmişti. Bu bir bakıma çok garip, çünkü çalışmaları çok az kişi tarafından anlaşılabiliyordu. Herkes bu çalışmaların olağanüstü zor ve atom bombasıyla ilgili olduğunu biliyordu. Ama insanların çoğu kendilerine göreliliğin ne olduğu sorulacak olsa hiçbir yanıt veremez. Fizikçiler bile -çoğu fizikçi- Einstein'a fizik alanındaki son gelişmelerle alakalı biri olarak değil de, neredeyse tarihi bir eser gözüyle bakıyordu. Kuşağındaki diğer fizikçilerin çoğunun aksine Einstein Amerika Birleşik Devletleri'ne geldikten sonra neredeyse hiçbir fizik konferansına katılmadı. Princeton'da arada bir ders verdi ve ilgisini çeken birkaç seminere katıldı, ama onu devamlı bir ders verirken veya büyük bir fizik toplantısında çağrılı olarak konuşurken hayal etmek zor.

Bu inziva kendisinin yarattığı bir şeydi. Bu ülkeye gelmiş bütün Avrupalı mültecilerle paylaştığı bir durum olan İngilizce'nin anadili olmaması durumunun yanı sıra Einstein neredeyse ABD ye geldiği andan itibaren kendisinin "yaşlı" olduğunu düşünmeye başlamış gibi görünüyor. Bizim standartlarımıza göre yaşlı sayılmayan 60'lı yaşlarında olduğu 1930larda bile başka bir kuşağa aitmiş gibi hissediyordu. Aynısı fizik için de geçerliydi. Fizikteki son gelişmelerle pek ilgili değildi. Tanıdığım bir fizikçi ona keşfedilmekte olan yeni parçacıkları anlatmaya çalıştığında, Einstein ona insanın daha elektronu anlayamamışken bunları nasıl anlayacağını sormuş. Günümüzde çoğu fizikçi insanın elektronları ancak diğer parçacıkları içeren daha kapsamlı bir sistemin parçası olarak anlayabileceğini düşünüyor.

Sonradan modern fizik diye adlandırılan şeyin büyük kısmını o keşfetmiş olsa da aslında Einstein büyük klasik fizikçilerin sonuncusuydu. Eğitimini 19. yüzyılda tamamlamıştı. Onun ilgilendiği konuların, kuantum kuramını bütün olasılıkları ve belirsizlikleriyle olduğu gibi kabul eden çağdaş bir fizikçiye garip gelmesinin nedeni muhtemelen budur. Tanıdığım başka bir fizikçi kuantum kuramında kavramsal bir problem olarak nitelediği bir şeyin "çözümünü" Einstein'a göndermişti. Einstein bunu adamın probleminin ne olduğunu anlamadığı için çözümünü de anlamadığı şeklinde yanıtlamıştı. Çoğu fizikçi Einstein'ın yaşamının son yirmi otuz yılında ilgilendiği konular için muhtemelen aynı şeyi söylerdi. İnsan Einstein'ın uğraştığı problemin ne olduğunu anlamadığı için, çözüme ne kadar yakın ya da ne kadar uzak olduğunu anlamakta da zorluk çekiyor.

Yine de çağdaş fiziğin genel manzarasına baktığımızda Einstein'm mirasını her yerde, ama büyük ihtimalle onun onaylamayacağı terimlerle ifade edilirken görüyoruz. Son yıllarda kuantum kuramının temellerini yeniden incelemek fizikçiler arasında yine "moda" oldu. Bu süreç, 1980'lerin başlarında İrlanda doğumlu fizikçi John Bell Einstein'ın kuantum kuramı yerine olasılıkları ve belirsizlikleri gereksiz kılan daha temel bir yapı oluşturma fikrinin laboratuvarda sınanabileceğim söylemesiyle başladı. Bu çalışma çeşitli laboratuvarlarda yapıldı. Bu çalışma nedeniyle birçok fizikçi Einstein'm yanılmış olduğuna katılıyor. Eğer bir gün kuantum kuramının çöktüğü gösterilecekse bile bu günümüz laboratuvarlarmda ulaşılabilen koşullarda olmayacak. Ama kuram hayal edebileceğimiz ve üzerine tahmin yürütebileceğimiz aşırı durumlarda çökebilir. Bu da bizi kütleçekimi ve evrenbilim konusuna getiriyor ki, gördüğümüz gibi bu konu da modern haliyle Einstein tarafından kuruldu.

Bell Telefon Laboratuvarları'nda çalışmakta olan Arnold Penzias ve Robert Wilson 1965'te şans eseri Büyük Patlamadan artakalan ışınımı keşfettiler. Bu ışınım büyük ölçüde mikrodalga türünde -dalga boyu olarak santimetre büyüklüğünde- ve radarlarda kullanılan türden dalga boyundadır. Fon ışınımı, sıcaklığı mutlak sıfırın üzerinde 2,74 derece olan bir kara cisminki kadardır. Bu ışınımın kaynağına dair bugün kabul edilen fikre göre, yaklaşık 15 milyar yıl önce evren inanılmaz derecede yoğun ve sıcak bir halde sıkışmıştı. Sonra bu tekil hal patladı -Büyük Patlama- ve evren genişlemeye ve soğumaya başladı. Bu patlama sonucu oluşan ışınım da Büyük Patlama'dan yaklaşık 300.000 yıl sonra kara cisim haline ulaşana kadar soğudu, ama bu şu anda olduğu 15 milyar yıllık ek soğumayla ulaştığı sıcaklıktayken değil, yaklaşık 10.000 derece sıcaklıktayken oldu. Penzias ve Wilson'un gözlemlediği fotonlar o zamankilerin devamıydı. Bu arada, Penzias ve Wilson bu çalışmayla 1978 Nobel Ödülü'nü kazandıklarında aynı yıl Nobel Edebiyat Ödülü'nü almış olan romancı ve kısa öykü yazarı I. B. Singer onlara Büyük Patlama'dan gelen "sesin" gerçekten duyulup duyulamayacağını sordu. Bir bakıma duyulabilir. Patlamadan artakalan ışınım kuantumları -evrenin her santimetre küpünde 400 tane- onları gözlemlemek için kullanılan radyo teleskop bir hoparlöre bağlanırsa bir hışırtı sesi çıkarır.

Gördüğümüz gibi bu gelişmenin dinamiğini, Einstein'ın Friedmann tarafından düzeltilen kütleçekimi denklemleri açıklamaktadır. Einstein Büyük Patlama'dan kalan ve "kozmik fon ışınımı" olarak bilinen bu ışınımın varlığını öğrenecek kadar uzun yaşamadıysa da, Friedmann denklemlerini evrenin genişlemesinin iyi bir yaklaşık tanımı olarak kabul ediyordu. Peki bu denklemleri zamanda geriye doğru götürürsek ne olur? Bir kolu döndürüp denklemleri tersten uygularsak yalnızca çok sıcak ve yoğun değil, sonsuz sıcak ve yoğun bir ilk duruma ulaşırız, bu gerçek bir tekilliktir. Fizikte arada bir denklemlerin tekillik yaratıyor gibi göründüğü böyle durumlarla karşılaşırız. Aslında Planck öncesi klasik kara cisim ışınımı kuramı bunun bir örneğiydi. Bu kuram kara cisim ışınımıyla dolu bir kovuğun "morötesi felaket" denen sonsuz bir enerjiye sahip olacağını öngörüyordu. Bu sonuç anlamsızdı ve Planck ın kuantumları nın işin içine dahil olmasıyla düzeldi. Şimdi de benzer bir durum varmış gibi görünüyor. Friedmann denklemlerini alıp zamanın başlangıcına kadar tersten gidersek sonsuz enerjiye sahip bir durumla karşılaşıyoruz.

Bundan ne anlam çıkarmalıyız? Çoğu fizikçi bunun bu kestirimi yapmak için kullandığımız kuramın daha fazla ilerletilemeyeceği anlamına geldiğini düşünüyor. Ama bu kuram genel görelilik kuramıyla kuantum kuramının karışımıdır. Birçok fizikçiye göre, böyle bir karışımın sorun çıkarması şaşırtıcı değil. Bu iki kuram tamamen farklı kalıplardan geliyor gibiler. Einstein'm formüle ettiği şekliyle genel görelilik klasik bir kuram. Einstein'm bu konudaki makalelerinde kuantumla ilgili tek bir sözcük yok. Kuram klasik fizikçilerin kolayca uyum sağlayabileceği uzay ve zaman kavramları üzerine kurulmuş. Nitekim Lorentz ve Planck gibi fizikçiler bu kuramı yadırgamamış. Ama kuantum kuramı bu klasik uzay ve zaman kavramlarının kısıtlı bir uygulanabilirliği olduğunu gösteriyor. İki kuramın uyumlu olması için genel göreliliğin bu kısıtlamaları kapsaması ya da belki de bu kısıtlamaları baştan beri içeren yeni bir kütleçekimi kuramı gerekiyor. Kısacası, kuantum kuramının çökeceği "laboratuvar" evrenin ilk halleri olabilir gibi görünüyor. Bu laboratuvarda kütleçekimi en güçlü kuvvet. Bu bakımdan olağan uzay ve zaman kavramlarının anlamsızlaştığı bir kara deliğin merkezi gibi. Ama uydular ve roketler gibi yeni aletlerin sürekli olarak bize evrenin ilk halinin neye benzediği konusunda yeni ipuçları verebildiği bir çağda yaşadığımız için şanslıyız. Bize gereken bu ipuçlarını birleştirip büyük bir sentez haline getirecek yeni bir Einstein. Bu kişi belki de bu kitabın okuyucularından biri olur.

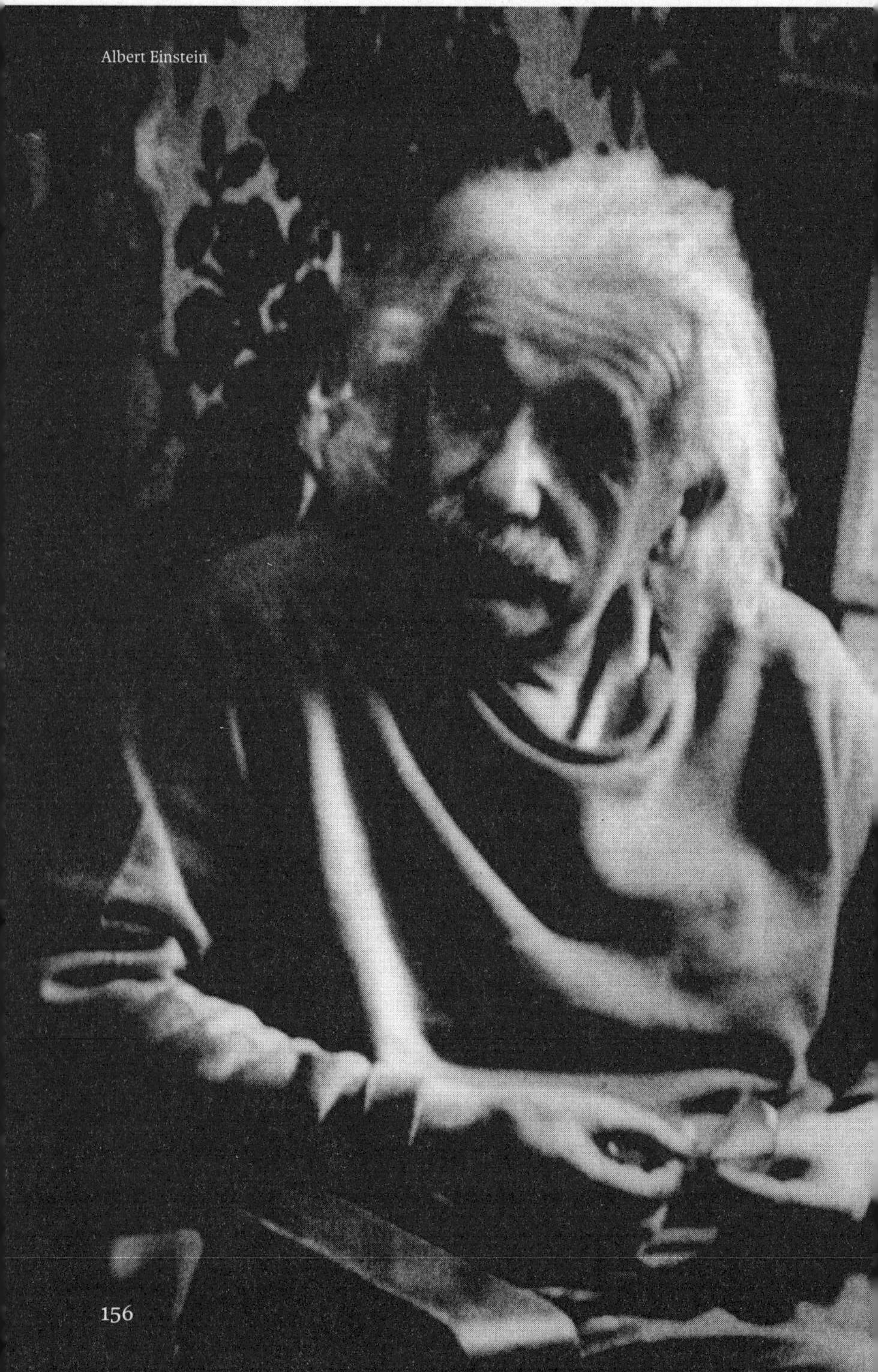

EİNSTEİN'IN HATALARI

STEVEN WEİNBERG

BİLİM EN BÜYÜK BİLİM ADAMLARININ BİLE HATA YAPABİLECEĞİ GERÇEĞİNİ KABUL EDER

Şüphesiz Albert Einstein yirminci yüzyılın en büyük fizikçisi, tüm zamanların ise en büyük fizikçilerinden biridir. Böyle önde gelen bir şahsiyetin özelliklede yüzüncü anma yıldönümünde hataları hakkında konuşmak ukalaca gelebilir. Fakat önde gelen bilim adamlarının başarılarından ziyade yaptıkları hatalar, o zamanlardaki varsayımların iç yüzünü daha iyi anlamamızı sağlar. Ayrıca Einstein' ın bile hata yapmış olması bilimsel hataları yapan bizler için bir avuntu kaynağı olmuştur. Amacımız büyük bilim adamları tarafından yapılan hatalarla ilgili olarak iyi bir örnek vermektir. Sonuç olarak bilimin temelini oluşturan ve bugünkü bilgi seviyesine ulaşmamızı sağlayan bilim öncülerinin hiç hata yapmayan kişiler olarak düşünülmesi yanlıştır.

Kozmolojik Sabit

Einstein' ı ele aldığımızda hayatında yaptığı en büyük hata kozmoloji sabitini tanımlamak olmuştur (George Gamow' la yaptığı bir sohbetten) . Einstein 1917 yılında Genel Rölativite (görelilik) Teorisinin formülasyonunu tamamladıktan sonra, tüm evrenin uzay-zaman yapısını ele aldı. O zaman bir problemle karşılaştı. Einstein evrenin üniform ve statik olduğunu varsaydı. Fakat genel göreliliğin denklemleri maddenin düzgün olarak dağıldığı bir evren için zamandan bağımsız bir çözüm içermez.

Bu nedenle Einstein kozmolojik sabit diye adlandırdığı yeni bir terim ilave ederek denklemlerini modifiye etti. Daha sonra evrenin statik olmadığı ve genişlediği keşfedildi. Einstein orjinal teorisini gereksiz yere değiştirdiği için pişman olmuştu. Evrenin genişleyebileceğini düşünmemişti.

Bu hikaye pek çok hata içerir. Aslında bu hatanın sadece Einstein' ın üstüne yıkılması da doğru değildir. İstisnalar hariç teorikçiler dünyayı gözlemcilerin kendilerine sunduğu biçimde kabul ederler. Doğal olarak 1917' lerde göreli olarak düşük hızlarla hareket ettiği gözlemlenen yıldızlardan yola çıkılarak evrenin statik olduğunu varsaymak kaçınılmazdı. Bu yüzden Willem de Sitter 1917' de Einstein denklemlerine alternatif bir çözüm önerdi ve metrik tensörün zamandan bağımsız olduğu koordinatları kullandı. Ancak bu koordinatların fiziksel anlamı bilinmiyordu ve de Sitter' in alternatif kozmolojisi statik değildi. Sitter' in modelinde maddeyi oluşturan parçacıklar birbirlerinden uzaklaşmaktaydı. Bununda teorinin bir dezavantajı olduğu düşünüldü.

Vesto Melvin Slipher 1910' da spiral bulutsuların (nebula) spektrumunu gözlemlerken Doppler etkisiyle oluşan genişlemede baskın bir kırmızıya kayma olabileceğini fark etti. Ancak Edwin Hubble 1923 yılında Andromeda bulutsusundaki sönük Cepheid değişkenlerinin aslında galaksimizden çok uzaktaki yıldız kümelerinin oluşturduğu spiral bulutsular olduğunu bulana kadar kimse spiral bulutsuların ne olduğunu bilmiyordu. Einstein' ın 1917' den önce Slipher' ın kırmızıya kaymasından haberi olup olmadığını bilmiyorum ama en azından tayf çizgilerinin gravitasyonel bir alanda kırmızıya kayması hakkında bilgiye sahipti. I. Dünya savaşı sırasında de Sitter' den genel göreliliği öğrenen Arthur Eddington 1923' dede Sitter modelinde evrenin genişlemesi nedeniyle Slipher' in kırmızıya kaymasını yorumladı.

Ancak evrenin genişlemesi, 1929 yılında (gerçekte 1931 yılında gösterildi) Hubble uzak galaksilerin kırmızıya kaymaları üniform bir genişlemeden beklendiği gibi mesafeyle orantılı olarak artar fikrini öne sürene kadar kabul edilmedi. Bu nedenle 1922 yılında Alexander Friedmann tarafından ortaya atılan ve kozmolojik sabite gerek olmayan genişleyen evren modeli büyük ilgi çekti. 1917' de Einstein' ın evrenin statik olduğunu varsayması oldukça mantıklıydı.

Einstein kozmoloji sabitini tanımlayarak beklenmedik bir şekilde hata yapmıştı. Bu durum Einstein' ın alan denklemlerinin zamandan bağımsız çözümünü mümkün kılmasına rağmen çözüm, kararsız denge durumunu tanımlıyordu. Bilinen çekici kütleçekim kuvveti mesafe kısaldıkça azalıyorken, kozmolojik sabit mesafe ile artan itici bir kuvvet gibi davranır. Çekici kütleçekim kuvvetinin itici kuvvetle dengelendiği kritik bir kütle yoğunluğu olmasına rağmen, denge kararsızdır; küçük bir genişleme itici kuvveti artırırken çekici kuvveti azaltır. Böylece genişleme hızlanır. Einstein' ın bu temel zorluğu unutmasını anlamak zordur.

Başlangıçta Einstein' ın kafası filozof Ernst Mach' tan aldığı bir fikirle karışmıştı: Eylemsizliğe birbirinden uzak duran kütleler sebep olur. Eylemsizliği sonlu kılmak için Einstein 1917' de evrenin sonlu olması gerektiğini varsaydı ve böylece uzay geometrisini üç boyutlu küresel bir yüzey olarak kabul etti. Bu nedenle de Sitter' in boş uzay modelinde test parçacıkları tanımlanması Einstein için bir sürpriz oldu. Bu parçacıklar eylemsizliğin bilinen tüm özelliklerini gösteriyordu. Genel görelilikte uzak cisimlerin kütleleri eylemsiz koordinat seçimini etkilemesine rağmen, eylemsizliğin sebebi değildir. Fakat bu hata önemsizdir. 1917 yılındaki makalesinde belirttiği gibi Einstein evreni statik kabul etti.

Estetik Basitlik

Bugünkü teorik fiziğin perspektifinden bakıldığında Einstein' ın yaptığı hata büyük bir hataydı. Einstein Genel Görelilik Teorisini oluştururken sadece 1907-1911 yılları arasında geliştirdiği basit bir fiziksel prensip olan kütleçekimi ve eylemsizliğin eşdeğerliği prensibine değil, aynı zamanda "teorinin denklemleri sadece bu prensiple uyumlu olmakla kalmayıp mümkün olduğu kadar da basit olmalıdır" diyen filozofideki Occam' ın bıçağı prensibine dayandırmıştır. Eşdeğerlik ilkesi, karmaşık alan denklemlerine izin verir. Einstein denklemlerde dört boyutlu veya altı boyutlu uzay-zaman türevleri veya herhangibir çift sayılı uzay-zaman türevleri içeren terimler kullanabilirdi, fakat hesaplamalarını ikinci dereceden diferansiyel denklemlerle sınırladı.

Bu durum pratik anlamda şu şekilde savunulabilir: Boyutsal analiz, ikiden fazla uzay-zaman türevi içeren alan denklemlerindeki terimlere farklı uzunlukların pozitif kuvvetleri ile orantılı sabit faktörlerin eşlik etmesi gerektiğini gösterir. Eğer bu uzunluk temel parçacık fiziğinde veya atom fiziğinde karşılaştığımız türden bir uzunluk ise yüksek mertebeden türevler içeren terimlerin etkileri büyük ölçeklerde gözardı edilebilir. Gözlenebilir etkilere sahip Einstein denklemlerinin sadece bir modifikasyonu vardır: uzay-zaman türevleri içermeyen bir terimin tanımlanması, yani kozmolojik bir sabit.

Fakat Einstein estetik kaygıları nedeniyle yüksek mertebeli türevler içeren terimleri ihmal etmedi: Bunlar gerekli terimler değildi, ama o bu terimleri neden kullandı? Bunun bir tek sebebi vardı, oda Einstein' ın estetik olma kaygısı ki bu kaygı onun kozmoloji sabitini tanımlamasına ve daha sonra çok pişman olmasına sebep olmuştur.

Einstein zamanından beri bu tip estetik kriterlere itimat etmemeyi öğrendik. Temel parçacık fiziğindeki tecrübelerimiz bize, temel fizik prensiplerine uyduğu müddetçe herhangibir terimin alan denklemlerinde bulunabileceğini öğretmiştir. Bu durum T. H. White'ın The Once and Future King' deki karıncaların dünyasına benzer: yasaklanmamış herşey mecburidir. Aslında hesaplamalara göre kuantum dalgalanmaları sonsuz ve efektif bir kozmoloji sabiti üretecektir. Öyleki sonsuzluğu ortadan kaldırmak için alan denklemlerinde zıt işaretli sonsuz bir kozmoloji sabiti olmalıdır. Occam' ın bıçağı iyi bir araçtır, fakat denklemlere değil prensiplere uygulanmalıdır.

Belkide Einstein Zürich Politeknik Enstitüsünde öğrenci iken kendi başına öğrendiği Maxwell teorisinden oldukça etkilenmişti. Maxwell, bilinen elektrik ve manyetizma olaylarını açıklayabilmek için, elektrik yükünün korunduğu ve alan denklemlerinin minimum sayıda uzay-zaman türevleri içeren terimlerden oluşan birtakım denklemler yazmıştı. Bugün elektrodinamiği yöneten denklemlerin, herhangi bir sayıda uzay-zaman türevleri içeren terimler olduğunu, fakat bu terimlerin Genel Görelilikteki yüksek mertebeli türevlere benzer olarak makroskobik ölçeklerde gözlenebilir sonuçlara sahip olmadığını biliyoruz.

1917' den sonraki on yılda astronomlar zaman zaman kozmoloji sabiti ile ilgili ipuçları aradılar, fakat bu sabite sadece bir üst limit koymakta başarılı oldular. Bu üst limit kuantum dalgalanmalarının katkısından beklenenden çok daha küçüktü ve bundan yola çıkarak pekçok bilim adamı ve astronom kozmoloji sabitinin sıfır olması gerektiği sonucuna vardı. Fakat hiçbiride kozmoloji sabitinin sıfır olması gerektiğini söyleyen bir fiziksel prensip bulamadı.

1998 yılında kırmızıya kayma ölçümleri, Süpernova Kozmoloji Projesi ve Yüksek-z Süpernova Araştırma grubu tarafından belirlenen süpernova uzaklıkları, de Sitter' in modelinde bulduğu gibi evrendeki genişlemenin arttığını gösterdi (bak. Saul Perlmutter' in makalesi, Physics Today Nisan 2003, sayfa 53). Evrendeki enerji yoğunluğunun yaklaşık %70' i tüm uzayı dolduran bir çeşit "karanlık enerji" dir. Kısa bir süre sonra bu durum kozmik mikrodalga arkaalanında anizotropilerin açısal büyüklüğü gözlemleriyle doğrulandı. Karanlık enerjinin yoğunluğu, evrenin genişlemesi kadar hızlı bir değişkenlik göstermez ve eğer bu değişkenlik gerçekten zamandan bağımsızsa o zaman bunun sadece kozmoloji sabitinden beklenen bir etki olduğu söylenebilir. Kuantum dalgalanmalarının hesabından elde edilen kozmolojik sabitin, beklenenden daha büyük olmaması şaşırtıcıdır. Son yıllarda bu sorun teorik fizikçilerin kafalarını meşgul etmektedir.

Bir tarihçi bu makalenin ilk müsveddesinin önsözünü okuyarak Whig tarihinde hata yapmakla suçlanabileceği yorumunu yaptı. 1931 yılındaki bir dersinde "Whig tarihi" terimini tarihçi Herbert Butterfield ilk kez kullandı. Butterfield' e göre Whig tarihçileri geçmişi bugünün standartlarıyla değerlenmek gerektiğine inanırlar. Bana göre, Whig tarihçileri politik ve sosyal tarihle değil, bilim tarihiyle ilgilendikleri için bu fikir belli bir değere sahiptir. Bilimdeki çalışmalarımız kümülatiftir. Biz gerçekten atalarımızdan daha çok şey biliyoruz ve onların yaptığı hatalara bakarak onların zamanında anlaşılmayan şeyleri öğrenebiliriz.

Kuantum Mekaniğini Red

Einstein' ın yaptığı hatalardan bir diğeride, Niels Bohr' la 1927 yılında Solvay kongresinde başlayıp 1930' lara kadar süren kuantum mekaniği üzerine yaptığı tartışmadır. Bohr sadece deneylerin mümkün sonuçlarının olasılıklarını hesaplayabileceğimizi ifade eden kuantum mekaniğinin "Kopenhag yorumu" nun formülasyonunu sundu. Einstein fizik kanunlarının olasılıklarla ilgilenmediğini ve Tanrı' nın kozmoz üzerine zar atmayacağını söyleyerek Bohr' un bu fikrine şiddetle karşı çıktı. Fakat tarih kararını Einstein' dan yana vermedi; Kuantum mekaniği Einstein' ı bir tarafta yalnız bırakarak başarıdan başarıya koştu.

Bohr' un kuantum mekaniği tam bir fiyaskoydu, fakat Einstein' ın düşündüğü anlamda değil. Kopenhag yorumu bir gözlemci ölçüm yaparken ne olduğunu söyler, fakat gözlemci ve ölçüm eyleminin ikisine de klasik olarak yaklaşılır. Bu tabiki yanlıştır: Fizikçiler ve kullandıkları aletler evrendeki herşeyi yöneten aynı kuantum mekaniksel kurallarla yönetilmelidir. Fakat bu kurallar deteministik bir şekilde aşama aşama gelişen bir dalga fonksiyonuna (veya, kısaca durum vektörü) göre ifade edilir. O zaman Kopenhag yorumunun olasılık kuralları nereden gelir?

Son yıllarda problemin çözümü için dikkate değer bir gelişme kaydedilmiştir. Aslında ne Einstein nede Bohr kuantum mekaniğindeki asıl problem üzerine odaklanmamışlardır. Kopenhag kuralı açık bir şekilde işlediğinden kabul görmelidir. Fakat bu durumda dalga fonksiyonunun gelişimi için (Schröndinger denklemi) deterministik denklemin gözlemcilere ve aletlerine uygulanması gerekir. Kuantum mekaniğinin olasılıklara dayanması zorluk çıkarmaz. Asıl zorluk onun aynı zamanda deterministik olması yani hem olasıcı yorumu hemde deterministik dinamiği biraraya getirmesidir.

Birleşiklik Üzerine Girişimler

Einstein' ın kuantum mekaniğini reddetmesi 1930' dan

1955' deki ölümüne kadar diğer fizik araştırmalarından da izole edilmesine sebep olmuştur. Belki de Einstein' ın en büyük hatası başarılarının mahkumu olmasıdır. Geçmişte büyük zaferler kazanmış birinin, yeni zaferler kazanmak için önceden kullandığı taktikleri tekrar denemesi son derece doğaldır. Mısır cumhurbaşkanı Gamal Abd al-Nasser' a 1956 Süveyş krizi sırasında Sovyet ordusunun bir ataşesi tarafından verilen öğüdü hatırlayacak olursak: "Askerlerini ülkenin merkezine geri çek ve kışı bekle." Einstein' dan daha büyük bir başarıya imza atan fizikçi var mı? Einstein' ın kütleçekimini uzay-zaman geometrisi ile açıkladığı o muhteşem başarısından sonra, geometrik prensiplere dayanan "Birleşik Alan Teorisi" içine kütleçekiminide dahil etmeye çalışması doğaldı. 1950' de Einstein, fizikteki diğer konularla ilgili olarak "temel kavramlar, genel görelilikle tam bir uyumluluk göstermedikçe fiziğin temelini oluşturan daha kapsamlı bilgilere ulaşabilmek için yapılan tüm çabaların hiçbir anlam ifade etmeyeceğini" öne sürdü. Makroskobik boyutta kütleçekimine benzerlik gösteren tek kuvvet elektromanyetizma olduğundan, kütleçekimi ve elektromanyetizmanın birleştirilmesi ümidi Einstein' ın sonraki yıllardaki çalışmalarının bu yönde olmasına neden oldu.

Bu çalışmada Einstein tarafından ele alınan pekçok yaklaşımdan sadece ikisinden bahsedeceğim. İlki 1921 yılında Theodore Kaluza tarafından önesürülen beşinci boyut fikridir. Genel Göreliliğin denklemlerini dört boyutlu uzay-zaman yerine beş boyutlu uzay-zamanda yazdığımızı ve beş boyutlu metrik tensörün beşinci koordinata bağlı olmadığını farzedelim. Bu durumda bilinen dördüncü boyutu beşinci boyuta bağlayan metrik tensör kısmı Maxwell' in Elektromanyetik Teorisindeki vektör potansiyeli gibi aynı alan denklemini sağlar ve bilinen dört boyutlu uzay-zaman boyutunu birbirine bağlayan metrik tensör kısmı dört boyutlu genel göreliliğin alan denklemlerini sağlar.

1926 yılında Oskar Klein alanların beşinci koordinattan bağımsız olması koşulu yerine beşinci koordinatta alanların periyodik olabilmesi için beşinci boyutun küçük bir daire içine kıvrıldığını kabul etti. İlave boyut fikri o zamanlar oldukça popülerdi. Klein bu teoride beşinci boyutu kendine bağlayan metrik tensör kısmının elektrik yüklü bir parçacığın dalga fonksiyonu gibi davrandığını buldu ve biran için Einstein sadece kütleçekiminin ve elektromanyetizmanın değil, maddeninde birleşik geometriksel bir teori ile yönetilebileceğini düşündü. Ancak parçacığın elektrik yükü, elektronun yükü ile belirlendiğinde, parçacığın kütlesinin yaklaşık kat kadar büyüdüğü görüldü.

Ne yazıkki Einstein Kaluza Klein fikrinden vazgeçti. Einstein uzay-zaman boyutunu beşden altıya veya daha büyük sayılara genişletseydi, Yang ve Robert Mills tarafından 1954 yılında oluşturulan alan teorisini ve onun genelleştirilmiş hali olan güçlü, zayıf ve elektromanyetik etkileşmelerin modern teorisini keşfedebilirdi Einstein güçlü ve zayıf nükleer kuvvetlerin kütleçekimi ve elektromanyetizmadan farklı olduklarını düşünüyordu. Bugün artık kütleçekimi hariç tüm bilinen kuvvetleri sağlayan denklemlerin birbirine oldukça benzediğini, tek farkın güçlü etkileşmede renk hapsinin, zayıf etkileşmede ise kendiliğinden simetri bozulmasının olmasıdır. Einstein yaşasaydı muhtemelen bugünkü durumdan da memnun kalmazdı. Çünkü hala birleşik bir alan teorisi oluşturulamadı.

Klein' in çalışmasından önce bile, Einstein farklı bir yaklaşımla hesaplamalar yapmaya başlamıştı. Eğer metrik tensörün simetrik olması koşulundan vazgeçersek 16 yerine 10 bağımsız bileşene sahip oluruz ve bu ekstra 6 bileşen elektrik ve manyetik alanların tanımlanan özelliklerine sahip olacaklardır. Aynı zamanda metriği kompleks, fakat hermityen kabul edebiliriz. Ancak bu fikirle ilgili olarak Einstein' ın farkına vardığı bir problem vardı: Kütleçekimini tanımlayan bilinen metrik tensörün 10 bileşenini elektrik ve manyetik alanın 6 bileşenine bağlayan hiçbirşey içermiyordu. Lorentz dönüşümleri veya diğer koordinat dönüşümleri elektrik veya manyetik alanları elektromanyetik alanlara dönüştürür. Fakat hiçbir dönüşüm onları kütleçekim alanıyla birleştirmez. Kaluza-klein fikrinin tersine bu formal yaklaşım, bugünkü araştırmalarda yeralmaz. Einstein, genel göreliliğin gelişmesine yardımcı olan ve fiziğin ilham kaynağı olan matematiğe güvenmesinin bedelini ağır ödemiş oldu.

Genç fizikçiler tarafından 1930 ve 1940' larda elde edilen heyecan verici gelişmelerden uzak olmak Einstein için bir hata olsada, bu durum onun kişiliğinin hayranlık veren bir yönünü ortaya çıkardı. Einstein asla bir devlet memuru mantığıyla hareket etmedi. O, asla fizikçilerin kendi fikirlerini kabul etmelerini ve çalışmalarını nükleer ve parçacık fiziği üzerine yoğunlaştırmaları için zorlamadı. İleri fizik araştırmaları enstitüsünde sadece profesörlüğünü tamamlamaya çalışmadı. Einstein sadece büyük değil iyide bir insandı. Onun ahlaki anlayışı diğer konularda da ona rehberlik yaptı: Birinci Dünya savaşı sırasında militarizme karşı çıktı; Stalin yıllarında Sovyetler birliğini desteklemeyi reddetti; o, bir siyonistti; Avrupa Nazi Almanyası tarafından tehdit edilirken barışseverlik fikrinden vazgeçti. Örneğin Belçikalıları yeniden silahlanmaları için teşvik etti ve açık bir şekilde McCarthyciliğe karşı çıktı. Halk ile ilgili bu konularda Einstein hiç hata yapmamıştır.